Grübeln stoppen

Wie du mit diesen erprobten Methoden im Handumdrehen negative Gedanken loswerden, innere Blockaden lösen und effektiv alte Glaubenssätze auflösen kannst

Leonie Weinberger

1. Auflage

Originale Erstauflage 2020

Druck und Auslieferung: Amazon.de

ISBN: 9798573714868

Inhaltsverzeichnis

Über die Autorin

Liebe Leserinnen und Leser,

die Autorin Leonie Weinberger, geboren 1982 in der Dreiflüssestadt Passau, wuchs ohne Geschwister in einem kleinen Vorort von Salzburg auf. Ihr Vater hatte während ihrer Kindheit nie viel Zeit für sie, da er als Vertriebsleiter eines großen Metallbauunternehmens, immer bis spät abends arbeiten musste. 1992 als Leonie zehn Jahre alt war, ist Ihre Mutter an einem tragischen Autounfall verstorben. Seitdem wuchs sie bei ihren Großeltern auf.

In der Schule war sie nicht besonders beliebt, da sie sehr zurückhaltend und schüchtern war. Auch mit Depressionen hatte sie in dieser schwierigen Zeit zu kämpfen, welche sie aber nach einer Therapie erfolgreich überwunden hat. Aufgrund dieser Erfahrungen hatte sie bereits im Jugendalter schon viele Bücher über Psychologie gelesen. Nach ihrem Abitur 2001 absolvierte sie ein Studium in Psychologie an der Hochschule in München. Währenddessen hielt sie bereits einige Seminare und Workshops in ihrem Fachbereich Psychologie. Ihr Studium brach sie ab, als sie bei einem großen Unternehmen einen Job als Psychologin im Personalwesen erhielt, welchen sie bis zum heutigen Tage ausführt.

Seit einigen Jahren schreibt die aufstrebende Autorin Bücher um anderen Menschen die Hilfe zu geben, welche sie in ihrem Jugendalter dringend gebraucht hätte.

Aufgrund ihrer jahrelangen Erfahrungen und ihrem Expertenwissen in den Bereichen Psychologie und Körpersprache möchte Sie nun ihr Wissen in Ratgebern an möglichst viele Menschen weitergeben. Dabei legt sie besonderen Wert auf erprobte Lösungsansätze aus der Praxis. In ihren Büchern lernt man neben den wissenschaftlichen Aspekten, hervorragende Tipps und Tricks, welche man sofort 1:1 umsetzen kann, kennen.

Herzlichst

Leonie Weinberger

Vorwort

In unserer heute besonders schnelllebigen Zeit fühlen sich viele von uns wie in einem Hamsterrad: wir rennen, rennen und rennen und doch kommen wir vom Fleck nicht weg! Immer mehr Menschen fühlen sich in ihren Gedanken gefangen, als würden diese Endlos-Kreise um ihre Köpfe ziehen, sich mehren und immer schneller werden. Oftmals entsteht dabei ein Gedankenkarussell aus Sorgen, Ängsten, Unzufriedenheit und Selbstzweifeln bis hin zu Unruhezuständen, Schlafstörungen und depressiven Verstimmungen, aus denen es kein Entrinnen zu geben scheint – eine erhebliche Belastung, die den Betroffenen innerlich leiden lässt und kostbare Lebensqualität rauben kann.

Hast auch du in verschiedenen Bereichen deines Lebens mit Zweifeln, Sorgen und Ängsten zu kämpfen? Belasten dich deine negativen Gedanken zunehmend und dreht es sich alles ständig um dasselbe? Wünscht du dir im Geheimen einen Hebel, den du umlegen kannst, damit diese hartnäckige Endlosspirale aus Gedanken zum Abschluss kommt? Willst du endlich wieder Klarheit in deinem Leben erlangen, eigenmächtig Entscheidungen treffen und deine Träume wahr werden lassen?

Wenn du diese Fragen alle mit einem **JA** beantwortet hast, dann wird dir dieses aufschlussreiche Buch helfen, deine Gedanken und Gefühle verstehen zu lernen und dir nützliche Anstöße zur Problembewältigung geben. Außerdem wirst du erfahren, wie du ständiges Grübeln erfolgreich stoppen kannst. Dieser Ratgeber ermutigt dich, neue Denkmuster zu entwickeln und du erfährst anhand vieler praktischer Übungen, wie es dir gelingt, im Alltag am besten abschalten zu können. Dadurch wirst du neue Kraft schöpfen, wieder mehr Zufriedenheit und innere Balance in deinem Leben erfahren.

Außerdem lernst du viele praktische Übungen kennen, die sich gut in deinen Alltag einbauen lassen. Sie ermöglichen dir, schnell und unkompliziert, deine negativen Gedanken loszulassen und positive Erfahrungen zu machen, indem du innere Blockaden auflöst. Darüber hinaus wirst du unterschiedliche Entspannungstechniken kennenlernen, die du zu Hause selbst ausprobieren kannst – ohne großen Aufwand und irgendwelchem Hokuspokus.

Also, worauf wartest du noch? Breche aus der negativen Gedankenspirale aus – **JETZT!**

Die Gedanken sind frei – Unser Denken auch?

Woran wir denken, hat nicht nur Macht über unsere geistige Verfassung, sondern auch – wie Studien belegen - über unseren Körper und unsere Gesundheit. Am Anfang steht immer ein Gedanke, aus dem eine Tat hervorgehen kann – und diese wird zuweilen dann zu einer Angewohnheit, die uns prägt und in unseren Alltag hineinwirkt – an allen 365 Tagen im Jahr. Es geht nicht darum, sich das Leben schön zu reden und alles Negative in uns und um uns herum auszublenden oder gar aus unserem Leben zu verbannen! Es geht darum, zu verstehen, dass man zum einen wesentlich zufriedener leben kann, wenn man seine Gedanken gezielt und bewusst einsetzt und zum anderen, darum zu erkennen, dass Krisen und Herausforderungen, die das Leben einem JEDEN von uns früher oder später stellen wird, Chancen und neue Horizonte eröffnen können. Neue Wege und alternative Sichtweisen sind schließlich prinzipiell ja erst mal nichts Schlechtes, sondern etwas, an dem ein **JEDER** von uns im Idealfall reifen und wachsen kann.

Doch was sind Gedanken eigentlich und inwiefern können sie überhaupt Macht über uns und unser Leben haben? Vieles, was wir denken, ist doch schließlich „nur Hirngespinst". Warum überfallen uns alle möglichen Gedanken vor allem immer dann, wenn wir in unserer hektischen und von früh bis spät durch getakteten Arbeitswoche, doch endlich mal zur Ruhe kommen – also nachts oder beispielsweise, wenn endlich der wohlverdiente Urlaub dran ist? Wieso können Gedanken uns überhaupt **so** dermaßen belagern oder gar Angst einjagen und mit uns Karussell fahren? Wie funktioniert überhaupt so etwas wie Gedankenkontrolle und welche Möglichkeiten gibt es, um aus der Grübelfalle zu entkommen? – So könnte man endlos weiter fragen ... die folgenden Kapitel werden dir helfen, dass **DU** erfolgreich deine Gedanken in den Griff bekommst und erfährst, dass **DU** ganz alleine die Strippen in deinen Händen hältst!

Gedanken sind zunächst einmal nüchtern betrachtet, nichts anderes, als elektrische Impulse. Unser Denken basiert darauf, dass Informationen – die durch unsere Sinne aufgenommen werden, also durch Sehen, Hören, Riechen, Fühlen etc. – von einem komplexen Nervennetzwerk in unserem Gehirn verarbeitet werden. Der Hauptteil unserer Gedanken entsteht durch die von uns ab dem 1. Lebenstag (!) auf an gemachten Erfahrungen, die als Erinnerungen in unserem Hirn eingelagert werden. Was ein jeweiliger Gedanke – ob positiv oder negativ – in der jeweiligen Situation mit uns im Inneren macht und bewirkt, wird von unserem Unterbewusstsein gesteuert. Dieses könnte man als „Festplatte“ in unserem Kopf bezeichnen, in dem alles bis dato Erlebte und Getane, ähnlich wie die gesamten Daten in einem Computer, abgespeichert werden. Wenn somit unser Gegenüber bei uns einen bestimmten Denk-Impuls auslöst, wird in unserem Kopf ganz automatisch ein Hebel in Gang gesetzt, der unser Unterbewusstsein veranlasst, das jeweils „eingelagerte Programm“ von Gefühl und Verhalten unwillkürlich abzuspielen.

In der Praxis heißt das: Wenn wir uns unsere Gedanken und die damit verbundenen Gefühle bewusstmachen und dahinterkommen, woher sie kommen, können wir sie beeinflussen und verändern.

Beispiel: Stelle dir einmal vor, wie dir deine Kollegin ein Stück schmackhaften Kuchen anbietet. Nun könntest du sie freudestrahlend anschauen und vergnügt denken: „Das ist ja wirklich freundlich von ihr, oh lecker!“, so dass du zum Kuchen eine gute Einstellung hast und diesen Moment als positiv bewertest. Hast du das Gegenteilige gedacht, also beispielsweise: “Oh, man – warum bietet die mir denn gerade heute, wo ich doch auf Diät bin, Kuchen an?!“, fühlst du dich miesepetrig dabei und regst dich möglicherweise sogar noch über deine Arbeitskameradin auf, nur weil du diese Situation als negativ beurteilst. Fakt ist, dass weder die Kollegin, noch der Kuchen daran schuld sind, dass du dich mies fühlst, sondern einzig und allein deine Gedanken sind es, die dafür verantwortlich gemacht werden können!

Tatsache ist, dass wir Menschen unseren Gedanken generell nur wenig Aufmerksamkeit schenken und unser Augenmerk vor allem auf unsere Gefühle legen. Dreht man den Spieß um, das heißt, man lenkt bewusst seinen Gedanken, dann kann man ihn umwandeln, was zur Folge hat, dass sich auch das jeweilige Gefühl verändern kann. Durch das Ablegen alter Gedankenmuster, ist es jedem von uns möglich, sich neue Denkpfade zu eröffnen und dafür ist es NIE zu spät! Wenn wir aufgeschlossen gegenüber Veränderungen sind und eine Bereitschaft haben, ein Leben lang etwas zu lernen, um sich weiterzuentwickeln, erfolgreicher, ausgeglichener und gesünder zu werden, nur dann kann ein Umdenken stattfinden, was uns und unsere Gedankenwelt positiv und nachhaltig verändern wird.

Fazit: Alle deine Gedanken haben enormen Einfluss auf dein Gefühlsleben und auf deine Handlungen, denn Denken ist Kraft! Alles, was dir in deinem Leben widerfährt, ist an und für sich erst einmal neutral, denn biologisch betrachtet, unterscheidet das Gehirn nicht zwischen guten und schlechten Gedanken. Erst wie du die jeweilige Situation, ein Erlebnis oder eine Erfahrung bewertest, entscheidet darüber, ob du dich gut oder schlecht fühlst, denn nicht nur die Gedanken sind frei, auch bist du vollkommen frei darin, **WAS** du denkst! Sei dir also im Klaren darüber, dass **DU** die Macht über **DEINE** Gedanken hast und nicht dein Gehirn über dich die Gewalt hat!

Übung: Briefe dich jeden Tag mit (ggf. anfangs nur einem) richtig positiven Gedanken, in welchem du dich nicht auf das konzentrierst, was du nicht willst, sondern dich darauf fokussierst, **WAS** du haben/erreichen willst. Stelle dir bereits im Vorfelde genau dein Ziel vor beziehungsweise das, was du erfolgreich erreichen willst und dein damit verbundenes gutes Gefühl.

Beispiel: Du bist mit dem Auto unterwegs und weißt, dass es am Fahrtziel nur bedingt Parkplätze gibt. Statt angespannt zu denken: „Ich finde bestimmt keinen Parkplatz, das wird wieder nervig!“, schnaufe einmal tief durch und denke stattdessen: „Ich bin rechtzeitig losgefahren und bisher störungsfrei durchgekommen, so dass ich mit Sicherheit auch einen guten Parkplatz finden werde!“, und lehne dich dann entspannt zurück. Ideal wäre es, wenn du dir diese Situation auch noch bildlich vorstellst, wie du - an deinem Fahrtziel angekommen - ganz selbstverständlich auf eine Parklücke zufährst, einwandfrei in diese einparkst und dich Freude und Erleichterung überkommt.

Mein Tipp: Notiere dir jeden einzelnen Erfolg – sei er auch noch so klein - in einem Art Tagebuch und beobachte, dass du mit der Zeit Fortschritte machen **wirst** – das wird dich motivieren, dranzubleiben!

Mind control – Bändige deine Gedanken!

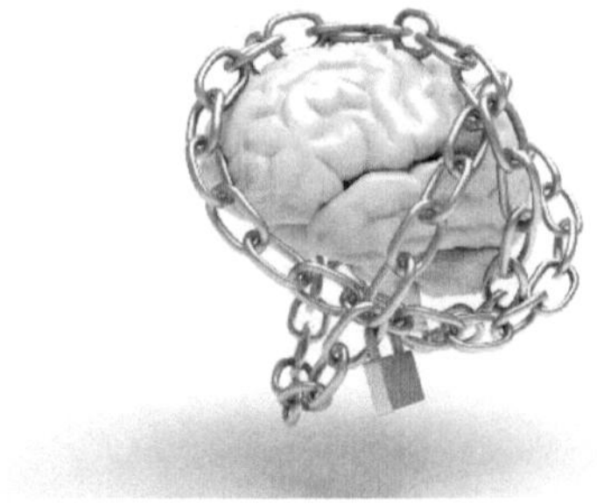

Das Zitat **„Der Mensch ist was er denkt, was er denkt, strahlt er aus. Was er ausstrahlt, zieht er an“** von Friedrich Hebbel bestätigt, dass bloß eine kleine Änderung des Blickwinkels einen Menschen zum Optimisten machen kann. **Positive Gedanken** können erstaunliche Kräfte freisetzen und **in Extremsituationen sogar zur Überlebensstrategie werden.** Selbst bei schlimmen oder gar lebensbedrohlichen Erkrankungen – wo es natürlich verhängnisvoll wäre, keinen Arzt aufzusuchen - ist es nichtsdestotrotz so, dass der Wille zur Genesung die Selbstheilungskräfte aktivieren kann und somit ein nicht zu unterschätzender Gesichtspunkt für die Wiederherstellung der Gesundheit ist.

Sicherlich kommen dir einige der folgenden Situationen bekannt vor:

- Du zweifelst an deinem Können und prompt unterläuft dir ein Fehler.
- Aus einer kleinen Sorge wird ein großes Desaster.
- Eine geringe Spur von Eifersucht wird zu einem ausbrechenden Vulkan und bedroht die Partnerschaft.
- Du ärgerst dich über eine scheinbare Kleinigkeit, woraus ein regelrechter Wutausbruch wird.
- Eine anfängliche Angst schwillt zu einer Panikattacke an.

Unser aller Leben ist tatsächlich eine fortlaufend zusammenhängende Aneinanderreihung unserer Gedanken und Emotionen - diese wiederum beeinflussen unseren Denkapparat und lösen verschiedene Gedankenverbindungen (Assoziationen) aus, die in der Psychologie als „Trigger“ bezeichnet werden. Du hörst beispielsweise eine bestimmte Melodie und denkst automatisch an eine Situation, die du damit verbindest – dieses geschieht meistens unterbewusst. Höchstwahrscheinlich hast du diese Klangfolge in einer äußerst emotional aufgeladenen Lebenssituation gehört, so dass sich dieses Musikstück zusammen mit deiner gleichzeitigen Empfindung in dein Gehirn „eingebrannt“ hat.

Mit dem eigenen Erleben und Tun „modelliert“ jeder von uns tagtäglich sein Gehirn. Mit jedem neuen Gepräge entstehen ständig neue solcher Verbindungen auf deiner „Festplatte“. Gedankliche Assoziationen in Kombination mit Gefühlen werden „abgespeichert“ und sind von deinem System jederzeit wieder abrufbar. Im Klartext heißt das: Ständig werden bei uns allen x-beliebige Punkte „angetriggert“ und Assoziationen aktiviert, die dann in uns „Kopfkino“ auslösen.

Jeden Tag wird ein jeder von uns mit sehr vielen, oftmals negativen Ereignissen und Sachverhalten aus der ganzen Welt durch die verschiedensten Medien der heutigen Zeit konfrontiert. Ob in der Familie, am Arbeitsplatz und im Freundes- und Bekanntenkreis – Außenstehende erzählen uns von ihren Sorgen, Krankheiten und anderem belastenden Kummer. Und dann – als ob wir nicht bereits genug Reizüberflutung an Informationen mitbekommen hätten - schauen wir uns nach einem anstrengenden Arbeitstag im Fernsehen auch noch die Nachrichten und sozialkritische Beiträge an. Diese ganze Masse an Informationen hält unser Gehirn ganz schön auf Trab – und es sieht sich im „Zugzwang" alles zu verarbeiten. Für uns hat dies zur Folge, dass wir dann meist nicht wirklich zur Ruhe kommen, sodass das Ein- und Durchschlafen erschwert werden kann.

In der Praxis heißt das: DU hast es in der Hand, womit du dein Gehirn „fütterst". Im Alltag könntest du verstärkt darauf achten, deinen Fokus auf die guten Momente des Tages beziehungsweise gelungenen und schönen Seiten deines Lebens zu richten, um deinen Kopf mit vermehrt positiven Assoziationen zu versorgen. Was hältst du davon, beispielsweise die Nachrichten mal „nur" im Radio zu hören, statt diese via Fernseher oder Social-Media-Kanäle zu konsumieren? Oder vielleicht magst du es etwas „nostalgischer“ und liest stattdessen eine Zeitung? Probiere aus, was dir guttut und schenke dir nach getaner Arbeit kleine Entspannungseinheiten, indem du zum Beispiel einem liebgewordenen Hobby frönst, ein Duftbad nimmst oder deiner Lieblingsmusik lauschst. Wenn du regelmäßig diese neue Gewohnheit in deinem geschäftigen Alltag einbeziehst, wirst du nach einer gewissen Zeit merken, wie das sich positiv auf deine Gedankenwelt, dein Wohlbefinden und somit auf deine Gesundheit auswirkt.

Fazit: Entscheide **selbst**, mit welchen Informationen du dich und dein Gehirn versorgst. Denke stets daran, dass **DU** allein entscheidest, mit welchem Inhalt du dich befassen möchtest und welcher dich ausbremst oder dir gar schadet.

Übung: Gehe jeden Abend 5 Minuten (oder natürlich auch länger) in dich und lasse deinen Tag kurz Revue passieren. Schreibe mindestens drei Dinge auf, die für dich gut gelaufen sind und dir Freude bereitet haben.

Mein Tipp: Lasse diese allabendliche meditative Übung ein festes Ritual werden, um dich „runter zu fahren“, zum Beispiel bevor du dich schlafen legst. Mache daraus eine kleine schöne Zeremonie, indem du dir dabei beispielsweise eine Duftkerze anzündest und dir einen wohlschmeckenden „Schlummertrunk“ genehmigst.

Mind control – Beherrsche deine Gedanken!

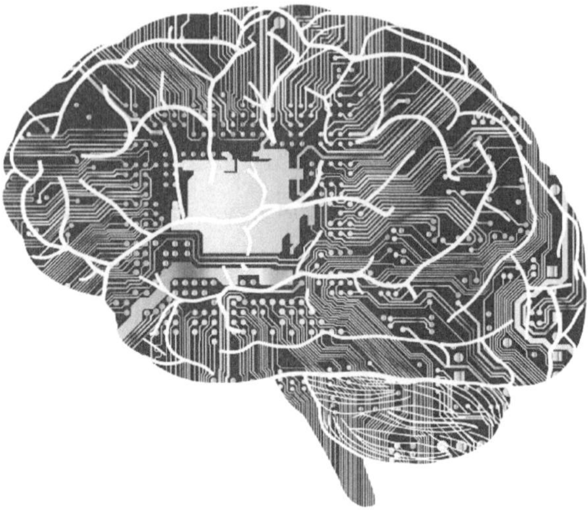

Wie bereits beschrieben, wird unser „Schaltsystem“ tagtäglich von Unmengen an Informationen überflutet. Dabei brauchst du die meisten Anreize gar nicht! Doch zum Glück arbeitet unser Gehirn ökonomisch, das heißt, es „siebt“ aus allen Sinneseindrücken ausschließlich **DIE** heraus, die es für richtig hält. Dabei orientiert es sich nach deinen Gedanken: Das, woran du sehr häufig denkst, wertet dein Verstand als wichtig und polt deine Wahrnehmung so, dass du plötzlich alles fühlst, siehst, hörst und riechst, was zu deinem Denken passt. Dieses Phänomen, wie deine Gedanken deine Wahrnehmung beeinflussen können, hast du bestimmt schon mal erlebt, wenn du richtig Hunger hattest: Du siehst dann auf einmal alle um dich herum etwas essen und riechst die tollsten Sachen - doch das setzt dir zu und du fühlst nur noch, wie dein Magen knurrt. Dabei beabsichtigt dein Gehirn bloß, dir zu helfen, indem es deine Wahrnehmung auf all das ausrichtet, woran du denkst!

Wie du bemerkst, richten sich unsere Sinneseindrücke also auch auf die Dinge, die man **NICHT** will - das ist total wichtig zu wissen, denn unserem Kopf ist es völlig einerlei, ob man denkt „Ja, das will ich!" oder „Nein, das will ich nicht!". **DAS**, woran du denkst, **DAS** lässt dein Gehirn dich wahrnehmen! Am folgenden Beispiel wird es deutlich: Du hast den Kuchen von deiner Kollegin abgelehnt, doch er geht dir einfach nicht mehr aus dem Kopf. Ständig drehen sich deine Gedanken um diese süße Nascherei und du fängst an, an jeder Ecke einen Bäcker zu sehen, an der Bushaltestelle beißt jemand in seine Rosinenschnecke und in jeder Illustrierte, die du anpackst, findest du verführerische Kuchenrezepte – du fühlst dich von Gebäck und Torten geradezu verfolgt.

Du fragst dich nun vielleicht, wie man nun Kontrolle über sein ganzes Denken bekommt?

In der Praxis heißt das: Du kannst weder deine Vergangenheit zurückdrehen, noch deine bereits bestehenden Gehirnverbindungen löschen. **ABER** du hast die Möglichkeit, diese – ähnlich wie bei einer Verkehrsumleitung wegen einer Baustelle – zu umgehen. Dazu ist es erforderlich, die neue Prägung mehrere Male zu wiederholen, nach Möglichkeit mit einer zeitgleich emotional intensiven Beteiligung.

Ein persönliches Beispiel: Als kleines Kind wurde ich von einem Hund gebissen, weil ich ihn streicheln wollte. Ich weinte bitterlich, denn der Biss tat mir sehr, sehr weh! Von da an begleitete mich stets eine gewisse Beklemmung vor Hunden, die in mir Alarm schlug, sobald ich einer dieser Fellnasen begegnete.

Mit Anfang zwanzig wollte ich mir diese Angst partout „abgewöhnen“ und ich begann, wenn mir zum Beispiel bei Waldspaziergängen ein Hund über den Weg lief, den jeweiligen Halter zu fragen, ob ich seinen Hund streicheln dürfte. In dem Moment habe ich mich bewusst **gegen** meine negative Erfahrung entschieden und - weil ich beim Streicheln des Hundes nicht wieder gebissen wurde, sondern „nur“ neugierig und Schwanz wedelnd beschnuppert wurde - konnte mein Hirn eine positive – also für mich **NEUE Assoziation** anlegen. Dieses für mich gewagte Unterfangen wiederholte ich immer wieder und wurde bis heute nie wieder von einem Hund gebissen.

Wenn mir also heute ein Hund begegnet, denke ich viel weniger an den schmerzhaften Biss, dafür umso viel mehr an das weiche Hundefell und das freudige Schwanzwedeln!

Fazit: Auf so einem ähnlichen Weg kannst auch **DU** dein Gehirn mit deinem Denken, Fühlen und Tun

„umprogrammieren". Es braucht natürlich immer Zeit, also sei nachsichtig mit dir und habe Geduld.

So kontrollierst du deine Gedanken: Lerne, auf deinen „Denkapparat" zu achten und **denke bewusster** – dann kannst du im Grunde in jedem Augenblick deines Lebens, über dein Befinden entscheiden. Wenn du im Klaren darüber bist, **was** du willst, aktiviere deine Gefühlswelt so gut, du kannst – nutze dazu nach Möglichkeit alle deine Sinne und stelle dir deinen Wunsch so plastisch wie möglich vor, als wäre er bereits in Erfüllung gegangen.

Diesen Prozess nenn man im Übrigen **Visualisieren.**

Beispiel: Du willst eine Pizza backen. Dabei stellst du dir die fertige Pizza nicht nur vor, sondern dir kommt bereits in deinen Gedanken der herrlich leckere Duft in die Nase. Lasse deine Vorfreude auf dein Essen in dir so richtig aufsteigen und stelle dir bereits jetzt schon vor, wie grandios sie schmecken wird!

Übungen:

Achtung: Bei den folgenden „Trainingseinheiten“ zur Gedankenkontrolle ist **KEINE** andauernde und erzwungene Selbstkontrolle gemeint! Sie beziehen sich alle auf einen begrenzten Zeitraum, wo man sich willentlich aus dem Alltagsgeschehen ausklingt, um seine Aufmerksamkeit auf etwas zu richten, beispielsweise auf den Atem oder einen x-beliebigen Gegenstand. Sinn und Zweck jeder Übung ist es, die Gedanken bewusst zu bündeln und zu zentrieren. Einem „vollen Kopf“, der belanglose, chaotische, oder durch äußere Vorgaben impulsive Denk-Anstöße bloß abspult, soll **aktiv** entgegengewirkt werden.

Außerdem wichtig – auch für die kommenden Übungen **in den weiterführenden Kapiteln**: Bitte nicht alle Übungen auf einmal ausführen! Taste dich langsam aber sicher ran und schaue für dich, mit welchen Übungsvorschlägen du dich wohl fühlst und welche sich in deinem Alltag am besten integrieren lassen, denn – ähnlich, wie beim Sport gilt - nur wenn du regelmäßig dranbleibst, wirst du merkliche Fortschritte erzielen!

<u>Übung 1:</u> Starte deinen Tag mit einem guten Gedanken! Halte morgens – beispielsweise unmittelbar nach dem Aufwachen, während du dein Frühstück einnimmst oder dir die Zähne putzt – einmal kurz inne und überlege dir, auf wen oder was du dich **heute** ganz besonders freust!

Wenn man einmal täglich bewusst an etwas Positives denkt - am besten gleich morgens - dann startet man mit einem guten Gefühl in den neuen Tag. Schließlich beeinflusst die innere Einstellung unsere Körperhaltung, Mimik und Stimme positiv. Du hast **immer** die Wahl, dem unwillkürlichen Gedanken-Flow freien Lauf zu lassen oder ihn gezielt zu unterbrechen, um Wohlfühlmomente zu schaffen.

Mein Tipp: Wenn dich ein „stinknormaler" Tag ohne besondere Vorkommnisse erwarten sollte, dann bedenke auch die „kleinen" (und meist als selbstverständlich betrachteten) Dinge, beispielsweise, dass du gesund, schmerzfrei bist oder dass draußen, statt Regenwetter die Sonne lacht, oder das wohlverdiente Wochenende naht. Oder du erinnerst dich an eine besonders witzige Situation, wo du herzhaft lachen musstest, oder an ein schönes Erlebnis. Suche gezielt nach etwas für **DICH!**

Übung 2: Versuche folgende Atemübung: Konzentriere dich 2 Minuten lang **NUR** auf deine Atmung. Stelle dazu gerne vorab einen Timer, damit du dich ausschließlich auf dich und deine Atmung fokussieren kannst. Klinke dich für eine Weile in einem ruhigen Zimmer, wo du ungestört bist und es dir sitzend oder liegend bequem machen kannst, aus dem Alltagsgeschehen aus. Schließe gerne deine Augen, um ganz bei dir zu sein und lege beide Hände auf deinen Unterbauch, so kannst du besser deine Atmung erspüren. Versuche während der Übung an **NIX** anderes zu denken – das wird dir insbesondere anfangs schwerfallen und ist vollkommen normal. Schließlich ist es neu für den Geist, ihm in seinem ununterbrochenen Tun „dazwischenzufunken".

Mein Tipp: Es kann passieren, dass sich deine Gedanken während dieser Übung wieder verselbständigen oder das vielleicht unangenehme Gefühle aufkommen – das ist kein Grund zur Sorge und darf alles sein! Dann atme einmal so richtig durch und setze die Übung wie folgt fort: Du zählst entspannt bis 3 beim Einatmen und bis 3 beim Ausatmen. Dadurch kannst du dein **Gedankenkarussell stoppen** und auch Gefühle, die dich in deiner Konzentration ablenken wollen, unterbrechen.

Klappt diese Atemübung bereits ganz gut, kannst du auch dein „Training" nach und nach um eine Minute steigern, bis du es vielleicht auf 5 oder sogar 10 Minuten hin steigerst. Auch kannst du probieren, länger ein- und auszuatmen: 4, dann 5 und schließlich bis 6 ein- und 4, 5 bis hin zu 6 ausatmen. **Wichtig:** Nichts überstürzen und bleibe bei einer neuen Steigerung wenigstens 5-7 Tage!

Sinn und Zweck von Atemübungen ist es, den Geist zu beruhigen und ihn in Schach zu halten. Sie bewähren sich besonders bei inneren Unruhezuständen, Stress und auch, wenn man irgendwie das Gefühl hat, nicht mehr abschalten zu können. Diese Übungen kannst du übrigens **nahezu überall** ausführen: ob zu Hause, im Büro zwischendurch, draußen im Garten oder im Auto.

Übung 3: Die „Waffe" gegen unaufhörliche Denkschleifen schlechthin! Wenn du bewusst mitbekommst, wie negative Gedanken und Gefühle dich wieder übermannen und ängstigen, unterbinde diese **abrupt,** indem du dir **ganz klar** ein dickes Ausrufungszeichen knallrot ausmalst und dabei **STOPP** denkst oder - noch besser – es **laut** aussprichst. Und zum Schutz davor, dass die lästigen Gedanken nicht im Nu wiederkommen, solltest du dich **unmittelbar** nach deinem gedachten/gesprochenen STOPP etwas anderem **und** entspannendem **aktiv** zuwenden. Beispielsweise versetzt du dich gedanklich an einen Strand oder in einen Wald. Atme dabei langsam ein und aus und „schaue" dich ein wenig an „deinem" Strand oder in „deinem"

Wald um ... so lange, bis du das Gefühl hast, dass es dir besser geht und du genug hast.

Mein Tipp: Zusätzlich oder **alternativ** zu deinem gedanklichen Strand-/Waldbesuch, kannst du auch eine **positive Handlung** absichtsvoll tun, beispielsweise deine Blumen gießen, dein Haustier einmal ganz bewusst streicheln oder – wenn du der sportliche Typ bist ein paar Kniebeugen oder Sit-Up`s machen.

Je öfter du diese Technik einsetzt, umso besser wirst du negative Gedanken und Grübeleien unterbrechen können und **positives Denken** wird in deinem Gehirn in der Folge stärker geprägt werden.

Innere Blockaden – Definition & Ursprung

Fallbeispiele: Eigentlich steht der großen Präsentation nichts mehr im Wege. Das Programm steht und du hast an **alles** gedacht – und doch, kurz vor Beginn, steigt in dir Lampenfieber auf. Oder: Theoretisch sollte das Bestehen deiner Prüfung kein Problem mehr sein. Der Lehrstoff sitzt – und doch, kurz bevor es ernst wird, schleicht sich wieder diese Angst, zu versagen, in dir ein.

Solche oder noch andere ausbremsende Situationen, sind den meisten Menschen geläufig:

Innere Blockaden – das heißt, sich selbstauferlegte Hindernisse – die einem im Wege stehen. Sie wollen dich daran hindern, **das** zu tun, was du **eigentlich** kannst oder willst, weil sie deine Gedanken und Gefühle, sowie dein Verhalten negativ beeinflussen. Sicherlich kennst auch du diese innere, erhabene Stimme in dir, die zum Beispiel sagt: „Lass das mal lieber sein, das wirst du eh nicht schaffen!“, oder „XY kann das doch viel besser, als du!“. **Du willst aber** beispielsweise **diese** Prüfung schaffen oder **diese** vielversprechende Anstellung annehmen, um **endlich** durchzustarten!

Obwohl viele Menschen innere Barrieren haben, gibt es unter ihnen welche, die sich von ihnen lösen können und ihren Weg fortsetzen, während andere sich schwer mit ihren inneren Blockaden herumschlagen müssen, teils Jahrzehnte lang. Die sogenannte „Komfortzone“ – die blockierten Menschen in der Regel dazu veranlassen lässt, passiv zu bleiben - ist ihnen lieber, als dass sie diese Angst und befremdliche Unsicherheit in sich spüren. Das verursacht natürlich auf Dauer Unzufriedenheit, nagt am Selbstbewusstsein und man entwickelt sich nicht weiter.

Doch wie entstehen „innere Blockaden“ überhaupt in unserem Gehirn? Viele von uns tendieren dazu, Ängsten und inneren Konflikten – die oftmals in der Kindheit oder durch emotionale Betroffenheit, wie beispielsweise durch einen Schicksalsschlag, ausgelöst worden sind – auszuweichen. Im Unterbewusstsein („Festplatte“) entwickeln sie deshalb Gedankenmuster, um diesen negativen Gefühlen aus dem Wege zu gehen – sozusagen als Selbstschutz.

Geistige innere Blockaden werden meistens durch Angstgefühle oder Stress verursacht. Beide Vorkommnisse haben gemeinsam, dass der Betroffene sein volles Potenzial nicht entfalten kann. Stattdessen setzt er sich unter Druck und ist sich mit seinen negativen Gedanken und Gefühlen selbst ein Klotz am Bein.

Weitere häufige innere Barrieren sind:

- Perfektionismus
- Prokrastination (Neigung, Tätigkeiten und Aufgaben jeglicher Art auf die lange Bank zu schieben)
- Selbstzweifel
- Erfolgsangst
- Mentale Aussetzer („Blackouts“)
- "Hochstapler-Phänomen" (das Gefühl, den jeweiligen Erfolg nicht verdient zu haben)

Emotionale innere Blockaden sitzen tiefer und man ist sich ihrer zumeist nicht bewusst. Ein heftiges Erlebnis führte dazu, dass das Gehirn und die Gefühlswelt ein schweres Ereignis nicht ausreichend verarbeiten konnte, so dass die Betroffenen sich oftmals nicht in der Lage sehen, ihr negatives Denken und die damit verbundenen unguten Empfindungen „abzuschalten“. Sie entwickeln gewisse Verhaltensweisen als eine Art „Überlebensstrategie“ – zumeist unbewusst.

Die Anzeichen einer inneren Blockade sind vielschichtig. Sie treten unvermittelt, sowie unterschiedlich stark auf und die Betroffenen haben ihre ganz individuellen und typischen „Leiden". Überwiegend gehören zitternde Hände und/oder Lippen, Verspannungen, Schweißausbrüche, Nervosität, Konzentrationsstörungen, Schlafprobleme, Angstzustände, Schwindel, Übelkeit bis zum Erbrechen und Herzrasen, sowie ein Gefühl des „Ausgeliefertseins" zu den klassischen Merkmalen einer innerlichen Blockierung. Das Schlucken von Beruhigungsmitteln, beispielsweise vor einer Prüfung oder einem Auftritt, ist keine nachhaltige Lösung des Problems. Viel wichtiger und hilfreicher ist es, wenn man für sich entschlüsseln kann, warum die jeweilige Blockade überhaupt entstanden ist.

Ja, innere Barrieren sind einfach nur frustrierend! Bildlich gesehen wie Regenwetter im heißersehnten Sommerurlaub. **Aber:** Schlechtes Wetter kannst du nicht verändern – deine Blockaden dagegen schon!

In der Praxis heißt das: Fasse den Entschluss, dich deinen selbstauferlegten Hindernissen bewusst auszusetzen! Mit den weiterführenden Inhalten und Übungsvorschlägen kannst du es schaffen, insbesondere geistige Blockaden, selbst aufzulösen. **Ganz wichtig**: Schrecke bitte nicht davor zurück, insbesondere bei tiefer liegenden Blockierungen, professionelle Hilfe in Anspruch zu nehmen, wenn du merkst, dass du alleine nicht mehr weiterkommst und/oder intuitiv weißt, dass du fachliche Begleitung, zum Beispiel in Form eines Coachings, benötigst! Sei da wirklich ehrlich mit dir, denn schließlich geht es hier um **dich**!

Fazit: Deinen inneren Blockaden auf die Spur zu kommen bedeutet, dass du dich deinen Abgründen stellst und ihnen bewusst in die Augen schaust – das kann mitunter unangenehm, sowie schmerzhaft sein und dir anfänglich das Gefühl geben, dass du mental und emotional enorm zurückgeworfen wirst.

Aber glaube mir: Diese Investition lohnt sich! Stelle dir doch einmal vor, wie unbeschreiblich befreiend und erlösend es ist, aus dem selbst errichteten Käfig auszubrechen, um auf dem weiteren Lebensweg

endlich deine vollsten Entwicklungsmöglichkeiten auszuschöpfen! Du wirst dich noch mal ganz anders kennen- und wertschätzen lernen, ja du wirst Eigenschaften und Fähigkeiten an dir entdecken, von denen du noch gar nicht wusstest, dass du sie hast! Du wirst dich garantiert auf eine spannende und lehrreiche Reise begeben – und wenn du es **wirklich** willst, dann beginnt deine Exkursion jetzt und hier! Bon Voyage!

Innere Blockaden – Boxe dich von ihnen frei!

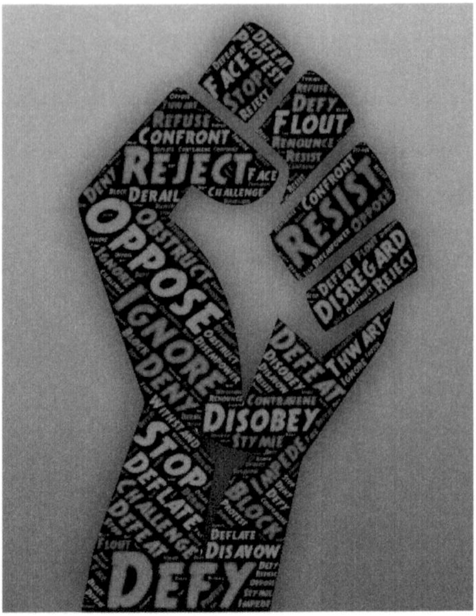

Der erste Schritt, um deine Barrieren erfolgreich zu lösen, ist, diese überhaupt erst zu erkennen. Beginne, dich ganz bewusst und aktiv mit ihnen auseinanderzusetzen.

Übung: Schaffe dir eine Zeit nur für dich. Ziehe dich in ein ruhiges Zimmer mit Stift und Papier zurück und beginne aufzuschreiben, was du in einer bestimmten Situation fühlst, zum Beispiel Angst. Dann spüre in dich hinein und erforsche, wovor du eigentlich Angst hast? Hast du vielleicht Angst davor, den Anderen nicht zu gefallen und abgelehnt zu werden? Oder ängstigt es dich, ausgelacht und vorgeführt zu werden? Wenn du dir zutraust, noch intensiver in deine eigene Welt einzutauchen, dann versuche, dich genau zu erinnern, welches Erlebnis diese jeweilige Empfindung - hier im Beispiel das Gefühl von Ablehnung und Bloßstellung – bei dir erstmals ausgelöst hat. Lasse alles aus dir heraus, indem du es aufschreibst – das kann sich bereits befreiend anfühlen und schon einen kleinen Teil deiner Blockade abbröckeln lassen.

Mein Tipp: Gerade anfangs kann es passieren, dass du plötzlich von vielen, ungeordneten Gedanken „überfallen“ wirst. Mache dann in dem Fall vorab ein sogenanntes „Brainstorming“, indem du alle Denkimpulse stichwortartig notierst. Dabei geht es nicht um Schönschrift und gute Formulierungen etc., sondern bringe die Wörter so zu Papier, wie sie dir jetzt gerade in den Sinn kommen. Nachdem du dich „ausgetobt" hast, fängst du ganz entspannt mit der Übung neu an.

Im Übrigen brauchst du im Anschluss dein Blatt mit dem schriftlich fixierten Gedankenwirrwarr nicht mehr durchlesen – du kannst es direkt zerknautschen oder in kleine Schnipsel zerreißen und dann ab in den Papierkorb damit!

Noch ein Tipp: Erarbeite dir nur eine Blockade zurzeit, wenn du mehrere aufdecken solltest und gehe pro Barriere so vor, wie in der Übung beschrieben. Sei achtsam mit dir und beende deine Session, wenn du genug hast oder pausiere auch zwischendurch, um mal durchzuatmen oder etwas zu trinken!

In den folgenden Absätzen wirst du erfahren, wie man in 3 Etappen seine inneren Blockaden erfolgreich lösen kann:

1. Etappe: Sei DU!

Kennst Du den Unterschied zwischen Menschen, die ihre Blockaden verhältnismäßig schnell auflösen und sich dann in ihrem Leben weiterentwickeln und Menschen, die mit ihren sich selbstauferlegten Hindernissen dauerhaft zu kämpfen scheinen? Die letzteren **identifizieren** sich mit ihren Blockierungen, das heißt, sie haben ihre negativen Gedanken, sowie Gefühle, Ängste und Traumata aus ihrer Vergangenheit zu einem nicht unwesentlichen Teil ihres Lebens gemacht. Bildlich gesehen entspricht dieses beeinträchtigende Fragment wie einem dritten Arm oder Bein - es hat sich verselbstständigt und stört Dich.

In der Praxis heißt das: Identifiziere Dich nicht länger mit Deinen inneren Blockaden, indem Du lernst, zwischen Dir und ihnen zu unterscheiden. Eine außerordentlich große Auswirkung auf **Deine** Identität hat Deine Sprache. Achte also künftig darauf, wie Du über **Dich** sprichst.

Beispiel: Es gibt einen großen Unterschied zwischen den Entgegnungen „Ich bin schüchtern!“ und „Ich fühle mich gerade schüchtern!“. Die erste Angabe drückt aus, dass Deine Schüchternheit ein unveränderbarer Teil von Dir ist. Die zweite Aussage dagegen bedeutet, dass Du nur in dem Moment schüchtern bist – etwas, dass sich durchaus wieder ändern kann.

Übung: Achte in der nächsten Zeit doch mal auf deine Sprache und versuche, selbst blockierenden Argumenten auf die Schliche zu kommen. Wenn du beispielsweise für dich typische Negativ-Sätze hast, schreibe sie auf und „passe sie an“. Im nächsten Schritt probiere, deine neu formulierten Sätze nach und nach in deinem täglichen Sprachgebrauch anzuwenden.

Beispiele:

- Das schaffe ich nicht! -> Das schaffe ich **noch** nicht!
- Ich bin so unattraktiv! -> Ich **fühle mich gerade** unattraktiv!
- Ich bin endlos unglücklich! -> **Im Augenblick fühle ich mich** sehr unglücklich!

Mein Tipp: Beobachte dein Umfeld, wie es auf deine „neuen“ Wortlaute reagiert. Wenn du dabei etwas Besonderes erlebst, beispielsweise ein Lob bekommst, halte diese positive Resonanz schriftlich fest. Wenn du dann mal einen Durchhänger hast, motivieren dich diese guten Stichworte!

Fazit Etappe 1

Identifiziere dich nicht länger mit deinen inneren Blockaden, sondern mache dir bewusst, dass sie kein konstanter Teil von dir sind! **Ändere deine Gedanken** und lerne, „anders“ über dich zu sprechen.

2. Etappe: Biete deinen Blockaden die Stirn!

Es gibt Menschen, die meinen, dass sie etwas Spezielles - beispielsweise ein Wunschinstrument seit Kindheitstagen zu erlernen - nicht tun können, weil sie „zu alt“ sind, Angst davor haben, sich zu blamieren oder weil sie immer „noch nicht bereit“ sind. Das ist ausgesprochen schade, denn wo steht eigentlich, dass man – in diesem Fallexempel - „zu alt“ für Musikunterricht ist? Oder was kann man schon verlieren, wenn man einen Fehler macht, aus dem man doch nur lernen kann? Und wann ist eigentlich der „richtige“ Zeitpunkt für etwas? Vielleicht wenn ich nicht mehr berufstätig bin oder nachdem die Kinder aus dem Haus sind? Möglicherweise erst, nachdem ich im Lotto gewonnen habe?

Fatal an dieser „Aufschieberitis“ ist, dass **dieser** Moment in der Praxis für den Betroffenen oftmals nicht kommt und je länger er wartet, desto größer wird seine Angst und die damit in Verbindung stehende Blockade.

<u>In der Praxis heißt das:</u> Höre damit auf, wegzulaufen! Um Deine innere Barriere zu lösen, musst Du ihnen begegnen. Das heißt, stelle Dich Deiner Angst, Deinem Problem und Deinen Dir selbstauferlegten Grenzen – nur dann gewinnst Du an innerer Stärke!

<u>Merke:</u> Die meisten Blockaden lassen sich **erst** auflösen, wenn Du deine „Komfortzone" verlässt, um <u>anzupacken und zu handeln</u>!

<u>Übung:</u> Überlege Dir, welche Blockade Dich aktuell am meisten stört und notiere sie. Dann denke darüber nach, inwiefern Du dieser Barriere die Stirn bieten könntest und schreibe Dir Deine Ideen dazu auf. Fange spätestens am nächsten Tag an, gezielt auf „Konfrontationskurs" zu gehen und lege los!

<u>Einige Beispiele:</u> Werde kommunikativer und gehe auf andere Menschen zu, um Deine Schüchternheit zu bezwingen. Nehme auch Aufgaben an, die Dich auf den ersten Blick ängstigen, um in Deinem Beruf weiterzukommen. Um eine künstlerische Blockade zu lösen, schaffe jeden Tag irgendetwas Kreatives.

Oder: Überwinde Deine Angst vor Nähe dadurch, dass Du mehr Verbundenheit zulässt.

Mein Tipp: Fange bei Deinen Aktionen mit kleinen und behutsamen Schritten an, die Du dann allmählich steigerst. Nehme Dir die nötige Zeit und sei geduldig mit Dir.

<u>Beispiel: Schüchternheit überwinden:</u>

1.) Das Internet kann für Zurückhaltende in der Tat eine anfänglich gute Hilfe sein, sich ihre Schüchternheit abzugewöhnen. Online-Netzwerke wie Facebook und Co. ermöglichen scheuen Menschen eine Art Kontrolle darüber, wie sie sich zeigen und wie sie auf die anderen wirken.

2.) Ein denkbar nächster Schritt wäre, öfter jemanden anzulächeln, denn ein Lächeln verbindet. Es kommuniziert beim Gegenüber Sympathie und dient als idealer Gesprächseinstieg und bricht das erste Eis.

3.) Viele schüchterne Menschen haben die Stärke, anderen gut zuhören zu können. Hast Du beispielsweise anfangs die Sorge, falsches von Dir zu erzählen, so stelle dem Anderen eben Fragen und nehme auf seine Antworten Bezug. Glaube mir, schon bald wird Dein Gesprächspartner Dich mehr schätzen, als jeden Sprücheklopfer!

4.) Jedes Mal, wenn Du die Gelegenheit hast, eine Rede oder einen kleinen Vortrag im kleinen Kreise zu halten, ist **das** eine Möglichkeit, Deine Schüchternheit weiter abzubauen. Fasse Dir ein Herz und melde Dich freiwillig!

Fazit Etappe 2

Du wirst Tage haben, da klappen Deine Vorhaben besser und Tage, an denen Du das Gefühl hast, dass sich gar nichts tut – das ist vollkommen normal und soll Dich absolut **nicht** entmutigen!

<u>Merke</u>: Wenn Du Dir **regelmäßig** etwas vornimmst, um an Deiner Blockadenlösung zu arbeiten, können sich die meisten Deiner inneren Barrieren nahezu von selbst revidieren.

3. Etappe: Durchschaue Deine Vermeidungsstrategien

Darunter sind Ausflüchte und Verhaltensweisen zu verstehen, durch die der Betroffene unangenehme Gefühle durch Begebenheiten und Erlebnisse meiden will.

<u>Typische Beispiele sind:</u>

„Ich bin doch nicht faul…ich habe bloß keine Zeit für Sport!“

„Natürlich könnte ich im Job vorankommen, aber das ist nicht so wichtig für mich!“

„Ich bin nicht menschenscheu, sondern ich rede nur ungern mit Fremden!“

<u>In der Praxis heißt das:</u> Unterlasse es, Dir mit Ausreden und einem trainierten Verhaltensmuster selbst etwas vorzumachen und akzeptiere, dass jeder Mensch seine Schwächen hat – auch Du! Nobody is perfect! In dem Moment, wo Du Dir Dein Defizit eingestehst, zum Beispiel Deine Schüchternheit, wird Dir Deine Vermeidungsstrategie bewusst.

Übung Teil I: Bei welchen der folgenden Punkte findest Du Dich im Alltag wieder? Entlarve den vermeintlichen „Vermeidungsstrategien" in Dir:

Verteile pro Übereinstimmung eine Bewertung von 1-5: (1= selten und 5 = täglich)

- Maßlos arbeiten und dabei nie fertig werden
- Permanente Dauerbeschallung durch Radio und Musik hören
- Ständig in Kontakt mit anderen sein (telefonieren)
- Auffallend häufige Nutzung des Smartphones und der sozialen Medien
- Übermäßig TV schauen oder Videospiele
- Exzessiver Sport
- Ständig auf Achse sein oder neue Reisen und Aktivitäten planen

- Nie mit sich alleine sein
- Sich ärgern und Streitlust
- „Belohnungen“ durch beispielsweise Essen/Alkohol

Mit welchen dieser „Strategien“ vermeidest Du eine gewisse Stille? Es ist bekannt, dass es erst ruhig um uns werden muss, um die eigenen Gedanken und Gefühle überhaupt erst vernehmen zu können. Die Dosis macht zwar das Gift, doch tatsächlich wissen die meisten Menschen schon ganz genau, wann sie beispielsweise gezielt fernsehen oder sich in Aktivitäten stürzen wollen, um sich nicht mit negativen Gefühlen herumzuschlagen.

Übung Teil II: Versuche folgendes Experiment: An 3 aufeinanderfolgenden Tagen, lässt Du Dein übliches Vermeidungs-Tool weg. Beobachte Dich, wie es Dir dann dabei geht.

Beispiel: Mache mal – wenn es sich einrichten lässt – früher Feierabend und unternehme noch einen schönen Spaziergang. Oder mache es Dir doch mal zu Hause alleine gemütlich, anstatt Freunde zu treffen, online zu gehen oder zu telefonieren.

Mein Tipp: Sei beim **I.** Übungsteil ehrlich zu Dir – schließlich willst Du doch weiterkommen! Wenn Du beim **II.** Übungsteil merkst, dass während Deines Versuches immer stärker werdende Gefühle hochkommen, versuche, sie einmal kurz bewusst zuzulassen. Schreibe die wild aufkommenden Emotionen und Gedanken gerne wieder auf („Brainstorming") und zerknülle oder zerreiße Dein Blatt im Anschluss und wirf es in den Papierkorb, um diesen negativen Ballast loszulassen. Schaue für Dich, wie es Dir geht, wenn Du Dich Deinen üblichen „Vermeidungsstrategien" enthältst. Nach anfänglichen „Entzugserscheinungen" erfahren erstaunlich viele Menschen den Verzicht sogar mitunter als vorteilhaft. Sie fühlen sich bald insgesamt ausgeglichener und wohler!

Fazit Etappe 3

Um Missverständnissen vorzubeugen: Ob Klangberieselung, Aktivitäten und Spaß mit Leuten haben etc. – ein Quantum an Ablenkungen ist vollkommen okay! Erst, wenn sie kontinuierlich gelebt werden oder einen suchtartigen Charakter entwickeln, wird es alarmierend! Das Erkennen der eigenen Vermeidungsstrategien ist im Übrigen der wichtigste Punkt dieser 3 Etappen, um innere Blockaden erfolgreich zu lösen!

So, nun hast Du einen „Roten Faden" in Deinen Händen, wie man sich von seinen selbst auferlegten Barrieren frei boxen kann. Probiere Dich Schritt für Schritt durch – ganz ohne Druck und bleibe dran, um Heilung und Regeneration zu erfahren!

Glaubenssätze: Du bist, was Du glaubst!

Innere Blockaden und **negative** Glaubenssätze, wie beispielsweise „Ich bin zu dick!“, „Ich falle nur allen auf den Wecker!“ oder „Meinetwegen geht alles kaputt!“, hängen unmittelbar miteinander zusammen.

Hierbei handelt es sich um tief im Inneren fest verankerte und **herabsetzende** Überzeugungen, die Du Dir auf der Grundlage Deiner tagtäglichen Erfahrungen - von Kindesbeinen an - über Dich selbst und Deinen Lebensbereich angelegt hast. Oftmals werden dabei Versagensängste ausgelöst und das schwächt unser Selbstwertgefühl ungemein. Hat beispielsweise ein Vater seinen Sohn als Versager tituliert, ist es denkbar, dass er diese Ansicht als zutreffend erachtet und jeden Fehlschlag als eine Bestätigung wertet – im schlimmsten Fall sein Leben lang. Dabei entsprechen diese ausbremsenden Glaubenssätze meistens gar nicht der Wahrheit – und doch sind sie **so** mächtig, dass sie unsere Gefühlswelt, unser Denken und Handeln beeinflussen. Das Perfide an negativen Überzeugungen ist, dass sie sich außerordentlich ungesund auf das Verhältnis, dass wir zu uns selbst haben, auswirken und die persönliche Entwicklung, sowie den beruflichen Erfolg blockieren.

Aber: Mit **positiven** Glaubenssätzen – beispielsweise „Ich kann das alles schaffen, wenn ich wirklich will!" oder „So, wie ich bin, bin ich goldrichtig!" - kannst Du Deine negativen Überzeugungen auflösen.

In der Praxis heißt das: Finde Deine destruktiven Denkmuster und formuliere sie in optimistische Glaubenssätze um.

Umschreibe sie für Dich so,

- dass sie zu Dir passen,
- dass Du sie positiv darlegst,
- dass sie frei von Füllwörtern sind (vielleicht, eigentlich etc.),
- dass sie gegenwärtig sind („**Ich bin**“ statt „Ich werde“),
- dass Du – <u>und das ist das wichtigste</u> - **wirklich** an sie glaubst!

<u>Fazit:</u> Transformiere Deine persönlichen Negativ-Sätze um, und nutze die außerordentliche Kraft, die den **positiven** Glaubenssätzen innewohnt, **für** Dich! Dann werden Dein Selbstvertrauen und Selbstwertgefühl steil in die Höhe schießen!

<u>Übung:</u> Mit **Affirmationen** kannst Du negative Glaubenssätze erfolgreich auflösen und befreiende, sowie förderliche Denkmuster schaffen. Zweck dieser Methode ist es, das Unterbewusstsein mit neuen Aspekten („Daten“) zu „programmieren“, um innere

Blockaden abzubauen und festgefahrene Gedankenstrukturen aufzulösen.

Beispiel:

1. Schritt: Du **erkenns**t „Das schaffe ich sowieso nicht!“ als negativen Glaubenssatz.

2. Schritt: Du **notierst** diesen Satz, um ihn Dir vor Augen zu führen.

3. Schritt: Du **hinterfragst** Dich: Ist das wahr? **Suche** nach Argumenten, die das Gegenteil beweisen.

4. Jetzt **formuliere** Deine Affirmation (**positiven** Glaubenssatz): „In meinem Leben habe ich bereits XY und YZ gedeichselt, dann werde ich **DAS** erst recht schaffen!“

5. Diesen Satz schreibst Du Dir ebenfalls auf und sagst ihn Dir – gedanklich oder gesprochen - **jeden** Tag mehrmals vor, zum Beispiel morgens 5x und abends 5x. Verstärken tust Du die Übung, wenn Du mit dem Satz vor einem Spiegel arbeitest und Dich dabei anguckst.

Affirmationen brauchen ca. 21 Tage, bis sie Wirkung zeigen - diese Zeit benötigt unser Organismus, um neue Angewohnheiten zu verinnerlichen. Man sollte mit maximal 3 positiven Überzeugungen zeitgleich arbeiten.

Mein Tipp: Du kannst Dir Deine Affirmationen auch aufnehmen und ganz nebenbei, beispielsweise beim Kochen, Putzen, Autofahren oder Sport, anhören. Auch wenn Du nicht bewusst zuhörst, wird es Dein Unterbewusstsein trotzdem mitbekommen!

Gedankendschungel – warum Grübeln uns verrückt macht!

Unter Grübeln versteht man, **andauernd** über das Gleiche nachzudenken. Der Betroffene fragt sich beispielsweise immer wieder: „Wie konnte ich bloß?“, „Was mache ich nur?“, „Warum habe ich nicht?“ oder „Was ist wenn?“.

Antworten auf diese ständig wiederkehrenden Fragen werden generell als unzureichend und oftmals auch als falsch empfunden.

Weshalb grübeln wir eigentlich?

Generell ist das ständige „Wiederkäuen“ der Gedanken eine Art Lösungsversuch, um mit etwas, das uns belastet oder intensiv beschäftigt, zurechtzukommen - auf den ersten Blick ist das nichts Schlechtes! Schließlich wollen wir Erlebnisse verarbeiten, wichtige Entscheidungen richtig treffen oder alles daransetzen, um mit unangenehmen Gefühlen fertig zu werden. Parallel erinnern wir uns dabei an Vergangenes, denken uns die buntesten Szenerien im Kopf aus und überfliegen alle möglichen Probleme, die es zu lösen gilt – alles okay, solange sich daraus für uns ein greifbares Resultat ergibt!

Wachsen jedoch Sorgen und Ängste, ohne dass sich eine Bewältigungsstrategie finden lässt, sind wir überfordert und unser Geist kommt überhaupt nicht mehr zur Ruhe - ein Teufelskreis, aus dem der Betroffene nur schwer wieder herauskommt.

Merke: Während man sich beim **Nachdenken** lösungsorientierte und zuversichtliche Gedanken macht – auch wenn man nicht sofort zu einem Resultat kommt - verursacht endloses **Grübeln** im wahrsten Sinne des Wortes Kopfzerbrechen, weil die Gedanken negativ und lähmend sind.

Verschiedene Studien belegen, dass stundenlanges Grübeln unseren Körper **genauso** in Alarmbereitschaft versetzt, als wäre er einem hohen Stresspegel ausgesetzt: Der Blutdruck und die Pulsfrequenz steigen und unser Organismus schüttet ordentlich Stresshormone aus. **Fatal:** Weil das Grübeln und die damit verbundenen Ängste, Sorgen etc. – ähnlich wie bei einem „Hänger" einer Musik CD – in einer Dauerschleife ausarten, bedeutet es, dass der damit verbundene Stresslevel auf einem kontinuierlich hohen Niveau gehalten wird und wir die negativen Gedanken und Gefühle wieder und wieder durchleben. Zudem führt starkes Grübeln dazu, dass wir uns frustriert, traurig und machtlos fühlen – unser Selbstvertrauen, sowie Selbstwertgefühl fallen in den Keller und wir werden zunehmend passiv.

Anzeichen für ständiges Grübeln

1.) Rastlos im Kopf: Du fühlst Dich die ganze Zeit permanent von Deinen Ängsten und Sorgen gestresst! Im Alltag reagierst Du bereits bei kleinen Schwierigkeiten über und hast das Gefühl, dass Dir alles zu viel wird.

2.) Menschenschreck sein: Es ist erwiesen, dass Grübler sich um die Beziehung zu ihren Verwandten, Freunden und Kollegen häufig sorgen. Die Betroffenen entwickeln oftmals – begründet durch ihre überspannten Beklemmungen und Niedergeschlagenheit – ein nahezu penetrantes Verhalten, das ihre Mitmenschen verunsichert und sogar abschreckt.

3.) Skurriles Verhalten: Wer stark grübelt, hat eine größere Wahrscheinlichkeit, Neurosen zu entwickeln.

Einige Beispiele:

- Angststörung (u. a. Furcht vor Insekten, Platzangst, Flugangst)
- Ichbezogenheit, sowie heftiges Verlangen nach Aufmerksamkeit und Bestätigung
- Zwangsstörung (u. a. Wasch-, Zähl-, Kontrollzwang)
- Hypochondrie
- Starke Stimmungsschwankungen

4.) Schlafdefizit: Insbesondere nachts, wenn keine Geräuschkulisse mehr um uns ist, will unser Körper zur Ruhe kommen und schlafen. Der unruhige Geist ist aber immer noch auf Hochtouren und er raubt dem Betroffenen mit seinem endlosen Gedankenwirrwarr den Schlaf.

Mein Tipp: Wenn Du nicht (wieder) einschlafen kannst, vermeide, grübelnd im Bett liegenzubleiben. Stehe am besten auf, trinke etwas und bringe Dich auf andere Gedanken. Beispielsweise in dem Du in einem Buch schmökerst, Deine abstrusen Gedanken „bündelst“ und sie aufschreibst oder indem Du eine Atemübung machst.

Denkst Du noch oder grübelst Du schon? – Ein Selbsttest

Teste Dich, ob Du zum Grübeln neigst: Lese Dir die 10 Fragen aufmerksam durch.

Ohne lange nachzudenken, kreuze pro Frage eine Zahl von 1 – 4 an, die am meisten auf Dich zutrifft.

1 = stimmt voll und ganz

2 = stimmt weitestgehend

3 = stimmt teilweise

4.= stimmt überhaupt nicht

Danach schaust Du, mit welcher Zahl Du am meisten geantwortet hast und liest Dir die jeweilige Auswertung am Ende dieses Kapitels durch.

1.) Frage

Über meinen Gefühlszustand habe ich keine Kontrolle und wenn ich schlecht gelaunt bin, weiß ich nicht, wie ich meine Negativität wieder losbekommen kann.

1 2 3 4

2.) Frage

Immerzu vergleiche ich mich mit Anderen und schneide dabei grundsätzlich schlechter ab.

1 2 3 4

3.) Frage

Mir scheint, ich brauche eine Ewigkeit, um negative Gedanken und belastende Emotionen loszulassen.

1 2 3 4

4.) Frage

Viele negativ behafteten Menschen sind um mich, die häufig nörgeln, viel herumlästern und sich oft beschweren.

1 2 3 4

5.) Frage

Die Zukunft und deren Ungewissheit macht mir Angst. Oft male ich mir verschiedene Situationen aus, die alle schlecht ausgehen.

1 2 3 4

6.) Frage

Oftmals finde ich mich gedanklich in der Vergangenheit wieder und schlage mich mit alten Geschichten und schmerzvollen Erinnerungen herum.

1 2 3 4

7.) Frage

Es fällt mir schwer, abends einzuschlafen. Die Grübelei lässt mich nicht zur Ruhe kommen.

1 2 3 4

8.) Frage

An meinem Körper habe ich immer etwas zu meckern – ich bin schlichtweg unzufrieden mit mir!

1 2 3 4

9.) Frage

Ich getraue mich vor anderen Menschen nicht, zu meiner Meinung zu stehen, wenn sie anderer Ansicht sind.

1 2 3 4

10.) Frage

Es passiert häufiger, dass ich mich selbst dabei ertappe, negativ zu denken - ich stelle vermehrt fest, das Grübeln mich auszehrt!

1 2 3 4

Test-Auswertung:

Du hast überwiegend 1 markiert:

Du denkst zu destruktiv!

Über den Umgang mit negativen Gedanken kannst Du noch sehr viel lernen, denn sie erschweren Deinen Alltag und rauben Dir wertvolle Energie. Um entspannter und selbstbewusster zu werden, wirst Du in Deinem Leben nachhaltig etwas verändern müssen.

Doch nicht verzagen, denn vielen Menschen der heutigen Leistungsgesellschaft ergeht es wie Dir – mit einem Quantum an Durchhaltevermögen und

Entschlossenheit, sowie den **richtigen** Übungen und kleinen Veränderungen Deiner Weltanschauung, kann **jeder** der arglistigen Grübelfalle entrinnen!

Du hast mit dem Lesen dieses Buches bereits den ersten bedeutsamen Schritt getan! Du bist motiviert, Deine negative Haltung **aktiv** anzupacken, um sie **entscheidend** zu verändern!

Weiter so! Mache mit Deinen Grübeleien und schlaflosen Nächten **endgültig** Schluss! Wie, das erfährst Du auf den nächsten Seiten.

Du hast überwiegend 2 markiert:

Lerne, negative Emotionen und Gedanken loszulassen, in dem Du Deinen Enthusiasmus entfachst!

Du neigst in großem Maße dazu, bei vielen Deiner Mitmenschen und allen möglichen Situationen, vor allem die Schattenseiten und „Pferdefüße" zu sehen. Häufig, ohne zu wissen weshalb, fühlst Du Dich in

Deinem Alltag antriebslos und Dir fehlt schlichtweg Energie.

Du hast Dir schließlich nicht ohne Grund diesen Ratgeber zugelegt! Du **willst** weiter Mittel und Wege finden, um Deine Negativität abzulegen und wieder frischen Schwung im Leben zu erfahren! Also, bleib` am Ball!

Du hast überwiegend 3 markiert:

Du bist bereits ziemlich gut, doch es geht NOCH besser!

Im Vergleich zu den meisten Menschen, lebst Du Deinen Alltag bereits mit einer positiven Grundhaltung. In den meisten Fällen bemerkst Du, wenn Du pessimistische Anwandlungen hast und bist oftmals in der Lage, schlechte Gedanken und Gefühle positiv umzuwandeln. In speziellen Lebenssituationen kannst Du allerdings noch etwas mehr Kontrolle über Dein Innerstes erzielen.

Mit den hier aufgeführten Übungen und noch folgenden Kapiteln, kannst Du Deine restlich vorhandenen Defizite sicherlich noch optimieren!

Du hast überwiegend 4 markiert: WOW! –

Du hast Dein Innenleben im Griff!

Du weißt, wie Du mit negativen Gefühlen und destruktiven Gedanken umzugehen hast – das ist sehr lobenswert! Du hast eine positive Denkweise, die Dir für Deine Lebensgestaltung und das Erreichen Deiner persönlichen Ziele sehr viel Kraft verleiht. Das, wozu Du Dich entschließt, gelingt Dir auch meistens. Aber auch **Du** bist nicht hundertprozentig gegen Fehlschläge resistent - rappelst Dich jedoch schnell wieder auf und setzt Deinen Weg fort. Bei Deinen Mitmenschen bist Du aufgrund Deiner lebensbejahenden Art gerne gesehen und wie ein Magnet ziehst Du Gutes und Schönes in Deinem Leben geradezu an!

Bleibe so, wie Du bist!

Lernen tut man ja bekanntlich **nie** aus – sicherlich findest Du hier im Buch noch weitere anregende Übungen und wissenswerte Inhalte – wenn nicht für Dich selbst, vielleicht für jemanden, den Du kennst und dem Du weiterhelfen möchtest?

Lege Deine Grübel-Maschinerie still!

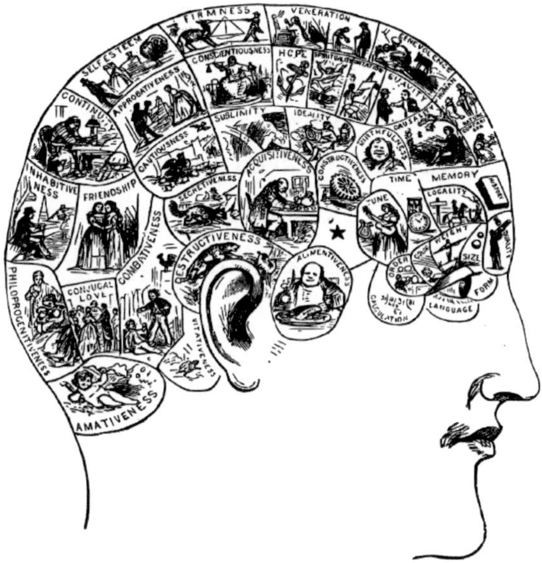

Die fortwährend negativen Gedanken und damit verbundenen Gefühle sind im Inneren mitunter so präsent, dass Wahrnehmungen und Möglichkeiten für andere Dinge im Leben, regelrecht überschattet werden. Es leuchtet ein, dass dieser Kreislauf nur schwer abzustellen ist – ein Grübler kann sein Defizit ebenso wenig von jetzt auf gleich überwinden, wie ein Mensch in tiefster Trauer flugs vor Freude Purzelbäume schlägt.

Aber: Grübel Prozesse können recht schnell kontrolliert und mit der Zeit dauerhaft abgebaut werden!

In der Praxis heißt das: Um die Macht über seine Gedanken wiederzuerlangen und um die Aufmerksamkeit auf etwas bewusst zu lenken, gibt es gegen das Grübeln viele Techniken und Übungen. Hier erwarten Dich die 10 effektivsten und praktischsten „Werkzeuge" für die Operation Grübel-Stopp!

Schaue Dir vorab alle folgenden „Anti-Grübel" Maßnahmen durch – währenddessen wirst Du intuitiv die Tools für Dich herausfiltern können, die Dich augenblicklich besonders ansprechen.

Die ersten 5 Übungen sind als „Express-Lektionen" zu verstehen – das heißt, mit diesen Maßnahmen kannst Du schnell Dein Grübeln stoppen.

Die anderen 5 Übungen sind „Vertiefungs-Lektionen", mit denen Du erste Fortschritte festigst und Deine Grübelattacken mit der Zeit nachhaltig stilllegen kannst.

Letzte Instruktionen: Bitte bedenke, dass Du - trotz aller Motivation – gut zu Dir bist:

Sei geduldig, achtsam und fürsorglich mit Dir. Du wirst bei diesem Unterfangen garantiert Auf und Ab Momente erleben – das ist vollkommen normal! Setze Dich nicht unter Druck, dafür aber regelmäßig hin, um an Deinem Grübel-Stopp aktiv zu arbeiten und Du wirst Dein Ziel erreichen.

Los geht`s!

Lektion 1: Bewege Deine Zehen:

Wenn Deine Gedanken wieder kräftig Karussell fahren, kannst Du sie schnell entschärfen, in dem Du die beiden großen Zehen bewegst. Versuche sie beispielsweise beidseits in eine Richtung zu kreisen oder – etwas anspruchsvoller – gegeneinander. Zweck dieser Übung ist, Dein Gehirn intensiv mit einer Aufgabe „festzunageln“, denn es bedarf Konzentration und Geschick, die Zehen „sauber“ zu kreisen. Positiver Nebeneffekt: Beruhigende und entspannende Wirkung auf Körper und Geist. Probiere es aus!

Lektion 2: Lauscher auf!

Es ist erwiesen, dass aktives Zuhören den unruhigen Gedankenfluss bändigt. Wie wäre es zum Beispiel mit einem Spaziergang durch den Wald oder Stadtpark? Höre aufmerksam in Deine Umgebung hinein und vernehme ... singende Vögel, Rascheln im Unterholz, das Säuseln der Bäume, Hundegebell, Stimmengewirr anderer Menschen und jeden einzelnen Schritt den Du gehst....atme tief durch und genieße die frische Luft! 10 Minuten sind bereits wirksam.

Lektion 3: STOPP-Signal!

Ein besonders hilfreiches Tool: Wenn Du merkst, dass Du erneut grübelst, denke Dir ein **für Dich** eindeutig prägnantes und striktes Signalwort aus, um sofort Deinen Gedankengang abzubrechen und Dein Denken **bewusst** auf eine andere Bahn zu lenken. Beispiele: „Schluss!“, „Stopp!“ oder „Jetzt reicht`s!“.

Mein Tipp: Am wirksamsten ist diese Übung, wenn Du Dein Wort **laut und offen ausprichst**. Gerne auch mit einer zusätzlich kraftvollen Bewegung dazu zum Beispiel kurz mit einem Fuß auf dem Boden aufstampfen.

Lektion 4: Ein exzellenter Umschalter!

Kennst Du Düfte, die an früher oder an schöne Momente erinnern? Wissenschaftler belegen, dass Gerüche unsere Stimmungen und Handlungen positiv beeinflussen. Finde heraus, welche Düfte und Aromen Dich beruhigen und entspannen (z.B. Lavendel oder Lebkuchen) oder aber beleben und aktivieren (z.B. Lemongras oder Ingwer)? Die Auswahl an Düften und Aromen ist groß. Wenn Du fündig geworden bist, nutze diese „Wunderwaffe“, um Dich in „schwachen“ Momenten zu wappnen.

Lektion 5: Betreibe „Mülltrennung“

Mache Deinen gegenwärtig hartnäckigen Gedanken den Garaus, indem Du Dir 3 verschiedene „Abfallkörbe“ vorstellst und ihnen einen Namen gibst. Beispielsweise:

1. = Destruktiver Gedankenmüll

2. = Überlieferter Familiensalat

3. = Traurige und schmerzhafte Erinnerungen

Sortiere nun Deinen „Mist“ im Kopf aus, in dem Du Deine negativen Gedanken imaginär in den jeweils dafür vorgesehenen „Abfallkorb“ wirfst, und zwar einen Impuls nach dem anderen.

Verstärke das „Wegwerfen“ mit einer Geste, beispielsweise in dem Du dabei mit einer Hand nach unten schlägst oder einen Tennisball an die Wand prellst.

Fazit „Express-Lektionen“: Diese 5 bewährten Übungen wirken sofort und vor allem bei akuten Grübel Schüben in dem **jeweiligen** Moment. Doch die ganzen, teils Jahrzehnte lang, entwickelten

Denkmuster und damit einhergehenden Verhaltensweisen sind hartnäckig und lassen sich nicht einfach abwimmeln - das heißt, sie werden immer wieder bei Dir anklopfen. **Aber** durch wiederholtes Anwenden Deiner gewählten „Express-Lektionen" werden sie schwächer und **Du** mit bewusster Entschlossenheit stärker und stärker!

Bei den nächsten 5 Übungen handelt es sich um **„Vertiefungs-Lektionen"**. Du wirst Dich eingehender mit Deinen Grübelattacken auseinandersetzen und auf „Detektivarbeit" gehen. Diese Techniken bedürfen zwar mehr Ausdauer Deinerseits, doch dafür helfen sie Dir, allmählich das „Wiederkäuen" von Gedanken dauerhaft zu stoppen. Außerdem wirst Du mit diesen Übungen Deine ersten Schritte dahin tun, wieder mehr Selbstvertrauen und Selbstbewusstsein zu erlangen.

<u>Lektion 1:</u> Breche mit Gewohnheiten!

Wecke den kleinen Widerständler in Dir, in dem Du bewusst aus Routinen ausbrichst. Dadurch wirst Du

Dir antrainieren, Deine negativen Denkmuster abzubauen und passives Benehmen durch Aktivitäten zu ersetzen. Fahre doch zum Beispiel mal einen anderen Weg zur Arbeit, zum Einkaufen, Fitnessstudio etc. Statt Deinen Kaffee sitzend beim Surfen im Netz nebenbei zu trinken, genieße Dein Heißgetränk doch mal bewusst an einem Fenster im Stehen. Gib Trägheit keine Chance und gehe die Treppe, statt den „schnelleren“ Fahrstuhl zu nehmen. Wie wäre es, zum Mittag in der Kantine mal etwas **ganz** anderes zu essen als sonst oder einen Teil der Pause herauszugehen und um den Block zu gehen?

Traue Dich und gehe spielerisch vor. Schon bald wirst Du positivere Gedanken entwickeln und immer kreativer darin werden, bisherige Angewohnheiten zu verändern!

<u>Lektion 2:</u> Tausche wieso, weshalb & warum gegen WOZU aus!

Viele Grübler suchen in der Vergangenheit nach möglichen Ursachen, Fehlern und Antworten auf ihre gängigen W-Fragen. Wenn Du nächstes Mal in Deinen Gedanken „gefangen“ bist, dann stelle doch mal mit **Wozu**...? einen Versuch an. Mit dieser Fragewortänderung schaust Du nach vorn und versuchst die Dinge zu **verbessern** oder Probleme zu **lösen**, statt Dich ziellosen Denkprozessen auszuliefern – das ermutigt und gibt Hoffnung!

Beispiel: Frage nicht: "Wieso bekomme ich keinen Führungsposten?", sondern frage Dich: „**Wozu** bekomme ich keinen Führungsposten?" Wie sähe es mit dieser potenziellen Antwort aus: „Damit ich nicht **noch mehr** maloche, als ich schon tue – schließlich habe ich auch noch ein Privatleben!"

Lektion 3: Identifiziere Dein Paradigma!

Frage Dich doch mal, wann Du überhaupt ins Grübeln kommst. Gibt es bestimmte Situationen, die das Grübeln auslösen oder verstärken? Welche Themen beschäftigen Dich dann? **Entlarvst** Du Deine Denkmuster, kannst Du gezielt etwas tun! Beispielsweise könntest Du schauen, wie Du die Situation, die Dein Grübeln verursacht, meiden oder **gar nutzen** kannst. Oder Du könntest **aktiv** versuchen, das

Thema, was Dich momentan beschäftigt, lösungsorientiert anzugehen.

Beispiel: Sonntags, wenn Du weder berufliche noch private Verpflichtungen hast und zur Ruhe kommst, klopfen Deine destruktiven Gedanken bei Dir an und Dein Gedankenkarussell beginnt: Dich plagen Zukunftsängste - ob Du attraktiv genug bist, ob Du jemals den passenden Lebenspartner findest, ob Du jemals eine Familie gründest, ob Du jemals glücklich wirst etc.

Klar, könntest Du immerzu ruhige Situationen meiden und Dir bis zum Anschlag Ablenkungen aufladen. **Dann** wirst Du an dem Punkt stehen bleiben. Oder aber Du nutzt die „Atempause", um Dein Thema anzupacken und **ins Tun** zu **kommen**, beispielsweise indem Du einen anderen (schickeren) Kleidungsstil ausprobierst – lasse Dich von guten Freunden oder Profis beraten.

Suche Dir beispielsweise bewusst eine seriöse Partnerbörse und inseriere **selbst** darin. Stelle Dir bereits heute Deinen Traumpartner genau vor, mit allem was dazu gehört – bis ins kleinste Detail – visualisiere ihn!

Lektion 4: Gewinne Abstand

Mache Dir bewusst, dass es sich beim Grübeln **„nur“** um Gedanken und nicht um Tatsachen handelt! Viele Betroffene haben die tollsten „Worst-Case-Szenarien“ in ihren Köpfen, doch keiner ist eingetroffen. Um Deine schlimmen Gedanken anzuhalten, überlege Dir doch mal eine alternative Haltung. Die „Was wäre, wenn?“ Frage kann man beispielsweise gedanklich auch positiv durchspielen, oder?

Ein Beispiel: Du magst keine Flugreisen. Du hast Angst und in Deinem Kopf bewegt sich immer die gleiche Frage: „Was wäre, wenn der Flieger abstürzt?“ Positiver wäre doch folgendes Gedankenspiel: „Was wäre, wenn ich ausgerechnet **in dem** Flieger der Liebe meines Lebens begegne?“

Lebe mehr im Moment - dabei schrumpfen die meisten Sorgen nahezu von selbst.

Lektion 5: Final Countdown“

Du bist wieder ins Grübeln verfallen. Doch dieses Mal erlaubst Du Dir ganz bewusst Dein Gedankenkarussell – aber nur zeitlich begrenzt! Empfohlen wird ein Limit von 2 Minuten – stelle Dir dazu gerne einen Timer. Danach fragst Du Dich selbstkritisch folgendes: Geht es mir jetzt besser? Haben die Gedanken mir eine Lösung aufgezeigt? Sind mir jetzt Dinge klarer geworden, die ich vorher nicht verstanden habe?

Auch wenn Du Deine Fragen verneinen solltest – kein Grund zur Sorge! Setze Dir auch während des Reflektierens ein zeitliches Limit, beispielsweise 10 Minuten. Zweck dieser Methode ist das bewusste Unterbrechen von zähen Denkkreisläufen.

Fazit „Vertiefungs-Lektionen“: Sich dauerhaft vom Grübeln zu lösen ist ein Weg, um innerlich zu heilen. Dabei wird man sich auch automatisch ein gutes Stück neue Weltanschauung erarbeiten und reifen. Man entwickelt Verantwortungsbewusstsein für die eigenen Gedanken, Gefühle und Bedürfnisse. Das kann gerade am Anfang ungewohnt anstrengend sein, ähnlich herausfordernd wie als Kind die Einschulung oder der Start ins Berufsleben – Meilensteine bedürfen nun mal Auseinandersetzung und Zeit! Wusstest Du, dass Grübler über eine besonders gute geistige Ausdauer verfügen, eine große Vorstellungskraft haben und dass sie für das Aufarbeiten von Themen einen peniblen Blick für Details haben?

Das sind brillante Ressourcen und mithilfe der „Vertiefungs-Lektionen" wirst Du sie entdecken und zu nutzen lernen.

Werkzeug technisch bist Du nun **bestens** ausgestattet, um Deine Grübel-Maschinerie dauerhaft stillzulegen!

„Think positive!“ – Nährboden guter Gedanken

Viele Menschen verstehen unter einer „positiven Denkweise“, dass man beschwingt, sowie mit stets frohgelaunter Miene, durch die Weltgeschichte tänzelt und sich vor jeglichen Schwierigkeiten verschließt. Doch das ist ein Irrtum, denn Optimismus ist genauso existent, wie Pessimismus und **nichts** auf Erden ist durchgehend negativ oder positiv! Alleinig auf **unsere** Sichtweise kommt es an.

Positive Gedanken bedeuten vor allem, sich im Leben etwas zuzutrauen und an Möglichkeiten und Erfolge zu glauben - oder Dinge anzupacken, worüber die anderen vielleicht den Kopf schütteln. Man denke beispielsweise an all die Werke und Ergebnisse verschiedenster Künstler und Wissenschaftler: Ihnen ist gemein, dass ihnen ein blendender Grundgedanke vorausging, von dem sie fest überzeugt waren - sie setzten ihn um und daraus wurde schließlich ein Durchbruch.

In der Praxis heißt das: Positives Denken macht Dich für das Abenteuer Leben erst richtig „startklar" und sorgt außerdem dafür, dass Du nach Niederlagen immer wieder aufstehen und weitermachen kannst. Zuversicht gibt Dir erst die nötige Energie für persönlichen und beruflichen Erfolg – sie eröffnet Dir neues und erweitert Deinen Horizont.

Mithilfe der folgenden **7 Tipps**, wird es Dir gelingen, eine positive Denk- und Lebenseinstellung zu gewinnen:

1.) Bestärke das positive Gefühl **Dir** gegenüber, indem Du Dich an Ereignisse und schöne Momente in Deinem Leben erinnerst, wo Du zufrieden oder gar glücklich warst. Denke auch an Herausforderungen, die Du bereits gemeistert hast und wofür Du Dir selbst einmal kräftig auf die Schulter klopfen kannst. Du kannst Dir diese Punkte auf ein Blatt Papier schreiben und schaust immer wieder darauf, wenn Du Dich „down" fühlst.

2.) Versuche, **immer** das Gute in einer Situation zu finden – und wenn es „nur" etwas ist, woraus Du lernen kannst. Zum Beispiel: Der Bus ist Dir soeben vor der Nase weggefahren. Statt Dich zu ärgern, gehe die nächste Station zu Fuß. Wenn das Lebensmittel, das Deinem Rezept erst den Geschmackskick verpasst, ausverkauft ist, ist das eine Gelegenheit, etwas Neues auszuprobieren.

Klar, diese genannten Alltagsmomente kann man nicht auf die großen und existenziellen Lebensthemen übertragen! Doch im Kleinen gibt es jeden Tag unendlich viele Möglichkeiten, das Positive herauszufiltern – man muss eben genau hinschauen. **Tatsache ist:** Wenn Dir dies` in den kleinen Dingen des Lebens gelingt, wirst Du es auch später bei den größeren Themen schaffen!

3.) Auch wenn es im Leben manchmal wirklich nicht einfach ist: Mit Sicherheit findest Du genug, worüber Du **dankbar sein** kannst! Wenn Du ein „Dankbarkeitstagebuch" führst, richtest Du den Fokus auf Deine positiven Lebensaspekte. Dazu notierst Du Dir jeden Morgen oder Abend 3 Punkte, über die Du dankbar sein kannst. In unserer Wohlstandsgesellschaft neigen viele Menschen sehr häufig dazu, ihren Blick scharf auf das zu richten, was sie **nicht** haben.

4.) Reduziere den Konsum von **Nachrichten** aus Radio und TV, sowie den sozialen Netzwerken, denn schnell vermitteln sie uns den Eindruck, dass es auf dieser Welt nur noch schlimme Tatsachen gibt, was natürlich nicht stimmt! Wie wäre es beispielsweise damit, sich von Informationen, die ständig auf Facebook und Co. hochploppen, zurückzuziehen? Nehme nicht hin, Dich pausenlos von Negativem bombardieren zu lassen – „impfe“ Dich stattdessen öfters mit Themen über positives Denken und über das Glücklichsein, denn sie werden Dir helfen, langfristig umzudenken.

5.) Auch die Leute, mit denen wir uns umgeben, sind ausschlaggebend dafür, ob wir positiv oder negativ gestimmt sind. Daher ist **Vorsicht vor Miesmachern**, Schwarzmalern, und Nörglern geboten, denn deren abschätzige Art färbt ab! Wenn irgend möglich, sollte man den Kontakt mit ihnen auf ein Minimum herunterschrauben oder gar einstellen. Lebensbejahende und lustige Menschen dagegen, „infizieren“ uns mit ihrer sonnigen Art und tragen dazu bei, dass wir uns wohlfühlen! Sich von erfolgreichen Menschen und ihren Einstellungen ermutigen zu lassen, ist ebenfalls erfrischend.

6.) Ein wesentlicher Schritt auf dem Weg zu einer optimistischen Grundhaltung, ist das Kennen der eigenen **Grenzen und Bedürfnisse**. Sorge gut für Dich und sage beispielsweise entschlossen **Nein,** wenn Du etwas nicht willst oder kannst. Frage Dich auch zwischendurch, was **Du** willst oder was **für Dich** herausspringt.

7.) Abschließend solltest Du vermeiden, **Vergleiche** anzustellen: Dein Nachbar besitzt schon wieder ein neues Auto, Deine Kollegin hat eine viel bessere Figur und Dein junger Cousin hat es bereits in die Chefetage geschafft ... ständiges Vergleichen mit anderen ist nicht bloß ein Ergebnis negativen Denkens, sondern es macht uns obendrein unglücklich und unzufrieden. Analog könnte man sich ja auch mit Menschen „messen", denen es schlechter geht, als uns – aber das ist eher die Ausnahme. Wenn es Dir gelingt, das Vergleichen zu lassen, wird sich automatisch Deine Grundeinstellung positiv verändern.

Fazit: Um auf Dauer gegen Grübelattacken gewappnet zu sein, ist es unabdingbar zu lernen, wie man sie bändigt und negative Denkweisen durch positive Gedanken austauscht („Umprogrammierung“). Mit der Zeit wird sich das „neue“ Denkverhalten in Deinem Unterbewusstsein festigen – freue Dich auf ein andersartig frisches und produktives Denken, dass Dich garantiert zufriedener, ja glücklicher machen wird!

Ängste und Stress – Brutstätten schlechter Gedanken!

Angst: Jeder kennt dieses unbehagliche Gefühl. Bei der Entstehung von Angstgefühlen spielen Unsicherheiten häufig eine Rolle. Wer sich beispielsweise nicht auf die Treue des Partners verlassen kann oder ständig befürchtet, seinen Arbeitsplatz zu verlieren, lebt ständig in Sorge. In der heute schnelllebigen Zeit entwickeln sich bei immer mehr Menschen unterschiedlich starke Ängste - bei einigen arten sie sogar dahingehend aus, dass sie von ihnen ständig begleitet werden – dann spricht man von Angstzuständen.

Mit folgenden Maßnahmen kannst Du Deine Ängste überwinden:

Durch einen gesunden Lebenswandel:

- Ausreichend Schlaf, damit der Organismus regenerieren kann.
- Gesunde und ausreichende Ernährung, damit wir Dank essenzieller Nährstoffe gut versorgt sind und „funktionieren“.
- Regelmäßig sportliche Betätigung, um Anspannungen zu lösen.
- Ausgewogene Work-Life-Balance, damit wir nicht „ausbrennen“
- Überdenken der eigenen (hohen) Erwartungen, um selbstauferlegten Druck abzubauen.

Durch Konfrontationstherapie: Insbesondere bei Phobien (Ungeziefer, Höhe, Fliegen etc.) oder Ängsten, die sich auf ein bestimmtes Ereignis beziehen, beispielsweise vor dem Zahnarzt oder vor dem Autofahren, hat sich diese Methode bewährt. Dabei konfrontiert der Betroffene sich ganz bewusst mit seinem Angstauslöser und erkennt, dass die Situation an sich gefahrlos ist.

Durch eine Therapie: Du wirst professionell von einem Psychotherapeuten individuell begleitet. Um Angstzustände erfolgreich zu bewältigen, hat sich die Verhaltenstherapie gut bewährt. Der Betroffene setzt sich dabei aktiv mit Themen, die ihn belasten, auseinander

und er wird vom Therapeuten darin bestärkt, selbstbewusster mit Erwartungen anderer umzugehen, sowie darin ermutigt, sich selbst auferlegte hohe Ansprüche, zu reduzieren und allgemein achtsamer mit sich selbst umzugehen.

Stress: Ob privat oder beruflich – er kann außerordentlich belastend und auszehrend sein. Ein und dieselbe Gegebenheit wird von **jedem einzelnen** Menschen unterschiedlich beurteilt, sodass Stress im Prinzip überall und aus jeder Situation heraus entstehen kann. Fühlt sich der Betroffene beispielsweise überfordert oder er wird gar zu etwas gezwungen, so erfährt er ein sehr hohes Stressniveau. Hat derjenige sich dagegen **freiwillig** in die gleiche Lage gebracht, so ist das Stresslevel deutlich geringer, weil er seine Situation viel positiver bewertet.

Schon die Urzeitmenschen erlebten Stress als natürliche Reaktion des Körpers auf Ausnahmezustände, wenn sie sich beispielsweise in ihren Kampf- und Fluchtsituationen bewähren mussten – Stress war somit wichtig, um zu überleben!

Heutzutage leiden viele Menschen sogar unter Dauerstress, weil beispielsweise der Druck am Arbeitsplatz steigt oder weil sie der konstanten Reizüberflutung im Alltag ausgesetzt sind.

Folge: Ruhe- und Erholungsphasen kommen viel zu kurz.

Allgemein unterscheidet man **2 Stress-Kategorien:** Während die eine Art als überaus positiv betrachtet werden kann, zieht die andere Form erhebliche Folgen mit sich.

1.) Beim sogenannten **Eustress** ist das Level der Stressphase hoch, zeitlich absehbar und es folgt darauf eine Entspannungsphase. Das heißt, man hat ein Ziel (z.B. Überleben oder Wettkampfsieg) und arbeitet praktisch aktiv auf die Entspannungsphase hin. Diese Stressform ist also positiv und kann uns Menschen zu Höchstleistungen anspornen.

2.) Der **Distress** dagegen, ist ein Phänomen unserer hektischen Zeit. Die Stressphasen sind länger und oft ist das Ende dieses Stadiums nicht berechenbar, sodass die Aussicht auf Entspannung in unbekannte Ferne rückt. Für viele Betroffene fühlt es sich so an, als ob sie dem Stress nicht entrinnen können, sodass sie ihre Situation als aussichtslos bewerten und häufig mit einer negativen Lebenseinstellung behaftet sind.

Beide Stressarten haben eine beachtliche Wirkung auf unseren Organismus. Insbesondere Distress kann unsere körperliche und seelische Gesundheit ernsthaft beeinträchtigen. Ob Schlafprobleme, Konzentrationsstörungen und Verdauungs- sowie Kreislaufbeschwerden, ob Ängste, innere Unruhe, Aggression, Ohnmacht und Burnout – die Bandbreite von Stresssymptomen ist groß.

Um eine Stresssituation in den Griff zu bekommen, sollte man nicht zu Mitteln greifen, die ungesund sind, wie Zigaretten oder Alkohol – es besteht die Gefahr, eine Sucht zu entwickeln.

Mit den folgenden Methoden kannst Du erfolgreich Stress bewältigen und gleichzeitig einen guten Beitrag für Deine Gesundheit leisten!

1.) Einstellungssache: Wenn Du versuchst, mit zuversichtlicher Betrachtungsweise an Deine Sachlage heranzugehen, wirst Du Deinen Stress reduzieren. Perfektionismus ist beispielsweise ein echter Stresserzeuger. **Nutze die Kraft des positiven Denkens**, um Stressoren einzudämmen.

2.) Zeitmanagement: Plane bereits am Vorabend oder am Morgen Deinen Tag, um alle anfallenden Termine und Erledigungen grob auf einem Blick zu haben („To-do-Liste"). Durch gute Organisation lässt sich das Stressniveau erheblich senken. Denke auch **daran, Pausen und Essenszeiten fest einzuplanen.**

3.) Work-Life-Balance: Viele Menschen erfahren am Arbeitsplatz besonders viel Stress, sodass sie währenddessen durchgehend angespannt sind. Mit ausreichend **erholsamer** Freizeit kann man den Anstrengungen entgegenwirken, sodass man ganzheitlich wieder zur Ruhe kommt und neue Kraft schöpft. Man sollte darauf achten, dass man seine Freizeit nicht alleinig der Familie und seinen Freunden widmet, sondern sich auch ausreichend Zeit **für sich** selbst nimmt, um zu entspannen.

4.) Sich täglich kleine Anti-Stress Oasen schaffen: Die folgenden Tricks helfen, im geschäftigen Alltag Deinen Stresslevel zu senken, denn einige bedürfen nur wenig Zeit und Aufwand:

- **Mutter Natur:** Sie wirkt beruhigend auf uns. Wenn Du kannst, versuche regelmäßig Zeit im Grünen zu verbringen – 10-15 Minuten sind bereits ausreichend. Selbst wenige Minuten aus dem Fenster die Bäume anzuschauen, hilft. Auch das Betrachten eines schönen Naturfotos tut gut.
- **Bitte Lachen:** Wenn Du kräftig lachst, werden ordentlich Glückshormone freigesetzt, die dazu führen, dass es Dir gleich viel besser geht.
- **Bewegung:** Sport ist essenziell, um Stress abzubauen. Egal, ob moderate Sportangebote oder solche, wo man so richtig ins Schwitzen kommt. Wähle etwas, was Dir Spaß macht. **Achtung:** Zuviel Sport artet für den Körper ebenfalls in Stress aus, also nichts übertreiben!

- **<u>Nicht</u> auf „Standby“ sein:** Schalte Dein Smartphone aus – man muss doch schließlich nicht **immer** 24 Stunden erreichbar sein! Nach Feierabend geschweige nachts kann das Handling mit diesem Gerät in Stress ausarten.

5.) Stressbewältigung am Arbeitsplatz: Studien beweisen, dass für viele Menschen ihr Beruf der größte Stressfaktor ist. Umso wichtiger ist es, sich gerade dort - beispielsweise am Schreibtisch – so einzurichten, dass man sich bestmöglich wohlfühlt. Schaffe Dir durch beispielsweise Bilder und Pflanzen eine angenehme Atmosphäre.

6.) Regelmäßige Pausen: Die kleine Siesta zwischendurch sorgt dafür, dass Du Dich im Anschluss wieder besser konzentrieren kannst. Auch wenn es gerade besonders stressig ist, versuche eine kleine Pause einzulegen, um auch wieder etwas Abstand zu gewinnen und einen freieren Kopf zu bekommen.

7.) Überlastung: Egal, ob im Berufs- oder Privatleben – Überforderung ist grundsätzlich ein erheblicher Stressfaktor. Lerne deshalb, auch öfter **„Nein“** zu sagen. Bist Du **immer** zur Stelle, läufst Du Gefahr, von Menschen Deines Umfeldes mitunter ausgenutzt zu werden - und solche solltest Du zur Stressbewältigung lieber meiden.

Mit Entspannungsübungen Ängsten und Stress strotzen!

Es gibt unzählig viele Entspannungstechniken. Im Folgenden werde ich Dir 3 beliebte Methoden vorstellen, die besonders hilfreich und praktikabel sind.

1.) Achtsamkeitstraining: Ein wesentlicher Bestandteil des Buddhismus. Wege werden aufgezeigt, wie man ausgeglichener und zufriedener im Leben wird. Die Grundlagen dieses Trainings - auch

„Mindfulness“ genannt – bestehen aus der **bewussten** Betrachtung des Körpers, des Geistes und der Gefühlswelt. Die Wahrnehmung des jeweiligen Momentes steht dabei im Vordergrund und Abstand zu den anderen Dingen kann gewonnen werden.

Übungsvorschlag:

„Trink-Meditation“: Bereite Dir ein (Heiß-)Getränk Deiner Wahl zu.

Wichtig: Sei bei der Zubereitung, als auch beim Trinken Deines Getränkes, **gedanklich präsent.**

Beobachte Dich: Welche Sinneseindrücke und Erfahrungen kannst Du währenddessen wahrnehmen? Merkst Du, dass Du gedanklich abschweifst, dann bringe Dich wieder bewusst zu Deinem Getränk zurück.

Konzentriere Dich auf das Gefühl von Dankbarkeit: **„Danke“** innerlich für diesen Moment der Ruhe und des einfachen Seins. Wenn Du Dein Getränk ausgetrunken hast, spüre nach, wie Du Dich fühlst und was in Deinem Geist vor sich geht, bevor Du aus dieser Übung heraus gehst.

2.) Meditation: Weltweit wird diese spirituelle Praxis von vielen Kulturen ausgeübt. Ziel ist es, den Geist zu beruhigen, um zur inneren Ruhe zu gelangen und Stress abzubauen. Meditation entfaltet seine positiven Wirkungen insbesondere, wenn regelmäßig geübt wird.

Übungsvorbereitung: Ideal ist es, wenn Du immer **am gleichen Platz** meditierst – wähle einen Ort, wo Du Dich zurückziehen kannst und wohlfühlst. Nach kurzer Zeit wird Dein Geist auf „Entspannung“ umschalten, sobald Du diesen Platz nur betrittst.

Trage **bequeme Kleidung** und schalte etwaige **„Störfelder“,** wie Telefon und Türklingel **aus,** damit Du ungestört meditieren kannst.

Die typische **Meditationshaltung** ist der Schneidersitz. Du kannst aber auch auf einem Stuhl oder Meditationskissen sitzen - achte auf einen geraden Rücken.

Übungsvorschlag: Als Einsteiger/in solltest Du mit **kurzen Meditationseinheiten** beginnen, die Du nach und nach bis zu 30 Minuten oder länger steigern kannst. Sitzungen von wenigen Minuten reichen anfangs völlig aus – dafür regelmäßig, **am besten täglich,** beispielsweise morgens, bevor Du in Deinen Tag startest oder abends, um herunterzukommen - stelle Dir gerne einen **Timer**.

Beginne mit 5 Minuten.

Anfangs werden die unterschiedlichsten Gedanken und Bilder vor Deinem „geistigen Auge“ aufkommen. Richte Deine Aufmerksamkeit auf den **Atem**. Zähle Deine Atemzüge bis 20, also einatmen = 1, ausatmen = 2, einatmen = 3, ausatmen = 4 und so weiter bis 20. Danach beginnt der Zyklus von vorn.

3.) Progressive Muskelentspannung nach Jacobsen: Diese Methode basiert auf der wechselnden An- und Entspannung verschiedener Muskelgruppen. Unter Stress spannen wir oft unbewusst viele Muskeln an, was zu Verspannungen und Schmerzen führen kann. Durch diese Entspannungstechnik lernt man, diese zu lokalisieren und aufzulösen. Als positiver Nebeneffekt senkt sich der Blutdruck und man lernt, seinen Körper besser wahrzunehmen.

So klappt`s: Nehme eine bequeme Sitz- oder Liegeposition ein und spanne bewusst Deine Muskulatur an und lasse sie wieder los. **Reihenfolge:** Beginne mit den Händen, dann den Unterarmen und Oberarmen. Dann den Nacken und den Rücken – so verfährst Du weiter, bis Du schließlich bei den Füßen angekommen bist.

Nach der **festen** und **kurz gehaltenen** Muskelanspannung mit anschließender Entspannung, wirst Du im Anschluss merken, wie wohlig es sich anfühlt, wenn die Muskulatur ganz locker wird. Nach einiger Zeit wirst Du im Alltag erkennen, wo Du gerade unnötig Muskulatur anspannst, um sie im Anschluss gezielt wieder zu lockern.

Hinweis: Insbesondere anfangs bietet sich eine **angeleitete** progressive Muskelentspannung an, beispielsweise in Form eines Gesundheitskurses oder einer CD.

BONUSKAPITEL:

Selbstbewusstsein stärken
Gib dem Grübeln keine Chance!

Indem Du Dein **Selbstbewusstsein** und **Selbstwertgefühl** stärkst, gibst Du Dir noch einen letzten Schliff, um künftig aufkommende Grübeleien sofort im Keim zu ersticken, denn **innere Stärke** erwächst durch positives Denken, Ausgeglichenheit und indem Du Deine starken und schwachen Seiten, sowie Deine Werte kennst, die **Deine** Persönlichkeit ausmachen.

Wer über die **Kraft von innen** verfügt, traut sich im Leben mehr zu, ist belastbarer, geht gelassener mit Konflikten um und hat beruflich auch oft mehr Erfolg.

Fazit: Je selbstbewusster Du wirst, desto **widerstandsfähiger** wirst Du gegen Grübelattacken!

3 originelle Tipps für ein bärenstarkes Selbstbewusstsein:

1.) „Alarmstufe Rot Übung“: Schneide Dir aus Pappe oder Papier einen 30 cm langen Streifen zurecht. Du unterteilst das Pappstück in 3 Spalten zu je 10 cm. Male den ersten Spalt in Grün, den zweiten in Gelb und den dritten in Rot aus.

Wenn Du Dich ab sofort dabei erwischst, einen negativen Gedanken zu denken, dann schneidest oder reißt du jedes Mal konsequent von Deinem Farbstreifen einen Zentimeter ab.

Nach und nach wirst Du Dich dabei vom grünen langsam zum gelben und von dort womöglich allmählich zum roten Abschnitt hinbewegen – nicht verzagen!

Selbst wenn Du mehrmals neue „Signal-Streifen" fertigst – Dein Weg ist Dein Ziel! Beobachte an Dir, wie Du mit der Zeit immer länger brauchen wirst, um zum roten Bereich zu gelangen und irgendwann wirst Du kaum noch oder gar nicht mehr vom Farbpappstück abschneiden/abreißen müssen.

2.) „Achtung, 30, LOS!": Es tritt eine Situation ein, vor der Du eindeutig Angst hast – zum Beispiel: Du bist in Deinen eigenen vier Wänden, während draußen ein starkes Gewitter wütet. Sammele Dich bewusst, in dem Du Deine Augen schließt, Dich auf

Deine Atmung konzentrierst und von 30 bis 0 herunterzählst. Während Du Dich auf das Zählen konzentrierst, haben alle anderen Gedanken – inklusive negatives Denken – keine Chance „durchzukommen".

Wichtig ist, dass Du bei „0" **direkt** Deine Situation angehst. Dem Fallbeispiel zufolge könntest Du möglicherweise anfangen, laut (irgendwas) zu singen und dabei beispielsweise ein geöffnetes Fenster bewusst schließen, Deine Haustür abriegeln – was auch immer. Hauptsache Du tust aktiv etwas gegen Deine Angstsituation.

Nehme nach 30 Sekunden entschlossen all Deinen Mut zusammen und stelle Dich Deiner bevorstehenden Aufgabe!

3.) Selbstliebe entwickeln: Sich selbst zu lieben hat nichts mit Egoismus oder gar Narzissmus zu tun! Selbstliebe ist ein achtsamer, gutherziger und fürsorglicher Umgang mit sich selbst. Es geht darum, den eigenen Wünschen, Bedürfnissen, Gefühlen und Fähigkeiten Raum zu geben. **Jeder** einzelne von uns hat liebenswerte Besonderheiten, Talente und bereits den einen oder anderen Erfolg im Leben erleben dürfen.

Nehme Dir Stift und Papier und notiere Dir mindestens 10 Punkte, die Du an Dir magst oder gut findest - vielleicht Deine Haare oder dass Du einen besonderen Draht zu Tieren hast. Ergänze Dein Blatt, wenn Dir weitere positive Dinge über Dich einfallen.

Du könntest auch Menschen Deines Vertrauens darum bitten, dass sie Dir 3-5 Dinge aufschreiben, die sie **wirklich** an Dir schätzen oder gar lieben.

Anhand dieser Übung ist es Dir möglich, Dich „im Licht“ zu betrachten und um möglicherweise erst erkennen zu können, wie viel Schönes und Gutes an und in Dir ist!

Schlusswort

Jetzt hast Du einen ganzen Werkzeugkoffer voll mit praktischen Tools, um richtig loszulegen und Dein Grübeln endgültig zu stoppen! Dabei wünsche ich Dir von Herzen gutes Gelingen und ich bin fest davon überzeugt, dass Du Dich beim Durcharbeiten dieses Buches noch mal auf eine positiv andere Art und Weise **neu** kennenlernen wirst.

Haftungsausschluss

Die Umsetzung aller enthaltenen Informationen, Anleitungen und Strategien dieses E-Books erfolgt auf eigenes Risiko. Für etwaige Schäden jeglicher Art kann der Autor aus keinem Rechtsgrund eine Haftung übernehmen. Für Schäden materieller oder ideeller Art, die durch die Nutzung oder Nichtnutzung der Informationen bzw. durch die Nutzung fehlerhafter und/oder unvollständiger Informationen verursacht wurden, sind Haftungsansprüche gegen den Autor grundsätzlich ausgeschlossen. Ausgeschlossen sind daher auch jegliche Rechts- und Schadensersatzansprüche. Dieses Werk wurde mit größter Sorgfalt nach bestem Wissen und Gewissen erarbeitet und niedergeschrieben. Für die Aktualität, Vollständigkeit und Qualität der Informationen übernimmt der Autor jedoch keinerlei Gewähr. Auch können Druckfehler und Falschinformationen nicht vollständig ausgeschlossen werden. Für fehlerhafte Angaben vom Autor kann keine juristische Verantwortung sowie Haftung in irgendeiner Form übernommen werden.

Inhalte dürfen keinesfalls veröffentlicht werden. Bei Missachtung behält der Autor sich rechtliche Schritte vor.

Impressum

2020

1. Auflage

Kontakt: Simon Röhrl/Kirchfeldstraße 6/94551 Lalling

Printed in France by Amazon
Brétigny-sur-Orge, FR

21328032R00070